Kurt Mündl

DER ÖTZTAL-MANN

Kurt Mündl

DER ÖTZTAL-MANN UND SEINE WELT

Das Jahr, bevor er schlief

Knapp vor Fertigstellung des Buches mußte der Verlag dem Begleitbuch zum Film einen neuen Titel geben. Wie erst jetzt bekannt wurde, hat die Forum Media in München den Namen ÖTZI als Markenzeichen für alle Medien und weiteren Warenklassen schützen lassen. Daher muß auch der gleichnamige Film den neuen Titel übernehmen.

Graz, am 17. September 1999

Koordination für POWER OF EARTH TV & FILM PRODUCTIONS: Arthur Bürger

Fotos: Horst Forster, Maria Rauchenberger

Filmdrehort Rosental Kärnten

Info:
www.tiscover.com/carnica-rosental
email: rosental@carinthia.com
Tel.: +43/42 27/51 19, Fax: +43/42 27/49 70

Die Deutsche Bibliothek – Cip-Einheitsaufnahme

Mündl, Kurt:
Der Ötztal-Mann und seine Welt ; das Buch zum
Film / Kurt Mündl. - Graz ; Wien ; Köln : Verl. Styria, 1999
ISBN 3-222-12735-2

Bildnachweis:
Patrick Loertscher: S. 26/27, 42
Franz Kropiunik: S. 132/133
The Stock Market, Wien: S. 166/167

Grafische Gestaltung: Graphic-Design Mag. Kurt Rendl, Wien
Prepress: Weitzer & Partner, Graz
Druck: druckservice STYRIAN, Graz
Gedruckt auf Magnostar von **sappi**
ISBN: 3-222-12735-2

INHALT

Foto: ORF/Thomas Ramstorfer

Vorwort

Der Fund einer 5300 Jahre alten Mumie, die das Eis des Similaungletschers im September 1991 freigab, war eine archäologische Sensation, die weltweit für Aufsehen sorgte. „Ötzi“, der Mann vom Hauslabjoch, wurde durch den Lauf der Natur der Ruhe seines eisigen Grabes beraubt. Durch genaueste Untersuchungen des Mannes aus dem Eis durch die Wissenschaft konnte das Bild von jungsteinzeitlichem Leben ergänzt und so manches Rätsel gelöst werden.

Auf Basis dieser Erkenntnisse, eigener intensiver Forschungsarbeit und der fantastischen Fähigkeit, Natur glaubhaft zu dokumentieren, gelang es einem der renommiertesten österreichischen Wissenschaftsjournalisten, dem international ausgezeichneten Dokumentarfilmer Kurt Mündl, „Ötzi“ und seine Welt in lebendigen Bildern auferstehen zu lassen. Der ORF hat dieses große Filmprojekt initiiert und in Kooperation mit ZDF, ZDF-Enterprises und Discovery Channel USA produziert. Mehr als ein Jahr lang dauerten die Dreharbeiten zu diesem Film über das letzte Lebensjahr des Mannes aus dem Eis, in dem Mündl die Menschen, Tiere und Pflanzen der Jungsteinzeit so authentisch zeigt wie kaum jemand zuvor.

Im vorliegenden Buch dokumentieren Mündl und seine Mitarbeiter die Arbeiten zu diesem – im wahrsten Sinn – historischen Filmprojekt. Entstanden ist nicht nur ein beeindruckendes Dokument über die aufwendigen Dreharbeiten in einem eigens errichteten Steinzeitdorf in den Alpen, sondern vor allem auch ein wertvolles geschichtliches Dokument über das weithin unbekannte Leben unserer Ahnen. Denn entgegen der landläufigen Vorstellung haben unsere Vorfahren vor 5000 Jahren, als die ägyptische Hochkultur schon Monumentalbauten hervorbrachte, nicht als sprachlose „Wilde“ in Höhlen gehaust. Sie lebten in kleinen Familienclans, waren zwar Sammler und Jäger, bestellten aber auch schon kleine Felder und domestizierten Tiere. Daß sie keine kulturellen Großtaten wie die Ägypter vollbringen konnten, liegt vor allem an ihrem Lebensraum: Während das fruchtbare Niltal eine explodierende Bevölkerung ernähren konnte, die sich, befreit vom täglichen Zwang zum Nahrungserwerb, zu einer Hochkultur entwickelte, erlebten Ötzis Zeitgenossen die Alpen als rauhe Wildnis, in der das Dasein ein ständiger Kampf ums Überleben war. Buch und Film zeigen das sehr deutlich.

Generalintendant Gerhard Weis, ORF

Einer von uns

Voller Bewunderung blicken wir auf die großartigen Monumente der Geschichte. Und lassen uns doch unseren Hochmut gegenüber der Vergangenheit nicht nehmen.

Selbst im Staunen über das Schönste und Eindrucksvollste, was zurückliegende Zivilisationen uns hinterlassen haben, schwingt die Überheblichkeit mit, auf der Treppe des kulturellen Fortschritts längst unerreichbar weit oben angekommen zu sein. Das gnädige Testat, „schon" im antiken Rom oder sogar im alten Ägypten habe es dieses oder jenes gegeben, was wir eigentlich erst dem heutigen Erfindungsgeist zutrauen, ist wohl die freundlichste Form dieser modischen Überlegenheitsgeste.

Epochen, die sich mit Pyramiden oder anderen Weltwundern nicht schmücken können, trifft unser Hochmut gänzlich ungemildert. Die Steinzeit kann ein Lied davon singen.

Vom „Steinzeit-Kommunismus" beispielsweise war im Zusammenhang mit den grausamen Untaten Pol Pots in Kambodscha die Rede. Auch deutsche Wahlkämpfe, bei denen es an der Tagesordnung war, mit Aussprüchen wie „Zurück in die Steinzeit!" den politischen Gegner zu verunglimpfen, sind noch nicht vergessen. Und die Vokabel „Steinzeit-Methoden" ist nach wie vor geeignet, Dinge zu brandmarken, die den Anstrich des unrettbar Rückschrittlichen, des hoffnungslos Veralteten und Überholten haben. Das Neolithikum ist zum Schimpfwort ersten Ranges degradiert worden.

Und dann kam der „Ötzi"! Hereingeschneit ist er in unsere hochmütige Moderne, hat uns kalt erwischt in der bornierten Diffamierung einer Zeit, die uns scheinbar nichts mehr anzugehen hat. Provoziert hat er uns durch seine Gegenwart, der Mann mit der Bärenmütze aus dem Similaungletscher. Und ein bißchen beschämt hat er uns auch. Und doch hätten wir vermutlich irgendwann auch ihn wieder vergessen. Spätestens dann, wenn er seine museale Ruhe gefunden hätte und auch wir zu den liebgewonnenen Vorstellungen über die ferne Steinzeit hätten zurückkehren können. Der Botschafter einer versunkenen Welt wäre nur für einen Gruß, für eine Episode, ein flüchtiges Rendezvous gut gewesen. Und dann hätten wir ihn ein zweites Mal beerdigt.

Foto: ZDF-Bilderdienst/R. Schäfer

Das ist nun nicht mehr möglich. Denn der Eiswanderer aus der Jungsteinzeit hat einen Vertrauten und Verbündeten gefunden. Kurt Mündl heißt er, und er ist einer der wenigen, die die Botschaft des „Ötzi" verstanden, sie als das genommen haben, was sie ist: eine einzigartige Einladung, ihm in seine heimatliche Welt zu folgen. Kurt Mündl nutzt dazu das Medium, das schon so oft versprochen hat, Ferne in die Nähe zu verwandeln, und das doch solche Nähe meistens nur vorgetäuscht hat: den Film und das Fernsehen. Diesmal aber wird das Versprechen eingelöst. Nicht Täuschung, sondern ehrlicher Tausch ist die Folge. Wir dürfen die kühle Distanz und die überhebliche Entfernung zu einer verschmähten Epoche gegen eine solidarische, anrührende, fesselnde Nähe einlösen. Den „Ötzi" begreifen wir nun, er ist einer von uns. Nicht in steinalter Zeit, nur einen Steinwurf entfernt hat er gelebt. Mit jener Energie, die wir letztlich der Evolution und damit auch unseren steinzeitlichen Vorfahren verdanken, hat Kurt Mündl diese faszinierende Annäherung fertiggebracht. Alle Spuren, alle Indizien, alle Hinweise, die es im Schicksal des „Ötzi" zu finden gab, hat er akribisch zurückverfolgt und die Lebenswelt des „Ötzi" aus ihnen entstehen lassen. Das Buch gibt Kunde davon und eröffnet, ganz unabhängig von Kino und Bildschirm, eine zusätzliche Chance, in diese Welt einzutreten.

Und wie nebenbei führt Kurt Mündl den klassischen Naturfilm auf einen neuen Gipfel, gibt uns einen Spiegel in die Hand, in dem wir den „Ötzi" und – wenn wir genau hinsehen – auch uns selber erkennen.

Hans Helmut Hillrichs, Leiter der Hauptredaktion Kultur und Wissenschaft im ZDF

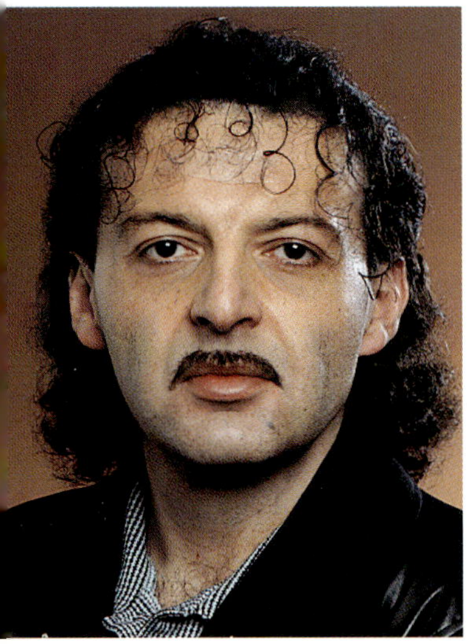

Foto: Ali Schafler

„... und doch hätte es so sein können – vielleicht ...“

„... Es ist etwas Außergewöhnliches geschehen ... wir werden unser Weltbild neu überdenken müssen“, sagte mein Freund mit angespannter Stimme am Telefon, als er mich damals, am späten Abend des 23. September 1991, unsanft aus den Träumen riß. Mehr schlafend als wach, schossen mir zwei Dinge durch den Kopf: Ich habe den Abwurf einer Atombombe „verträumt“, oder – es ist geschehen, was ich immer für unmöglich hielt – sie sind gelandet, „die Besucher“, aus einer fernen Galaxie ... Auch die allerletzte Mischung aus Müdigkeit und Alptraum war spätestens dann verflogen, als ich zu meinem großen Erstaunen vernahm, daß es diesmal kein „Lebender“ sei, der drauf und dran ist, unser Weltbild zu verändern, sondern – ein „Toter“ ... Bereits am 19. September 1991 wurde in den Ötztaler Alpen, am Hauslabjoch, eine braune, puppenähnliche Gestalt entdeckt, die halb aus dem Eis ragte. Erst Tage später wurde der Öffentlichkeit bekannt, um welchen bedeutenden Fund es sich hierbei wirklich handelte. Ein Fund, der das Wissen um unsere eigene Vergangenheit nicht nur bereichern, sondern revolutionieren sollte: Wie sich herausstellte, wurde eine männliche Eismumie geborgen, die in ihrem frostigen Lager über mehr als fünf Jahrtausende nahezu unversehrt erhalten geblieben war! Nicht nur der Körper selbst, sondern auch die zahlreichen Beifunde wie Kupferbeil, Köcher, Pfeile usw. stießen „neue Blickfenster“ in eine längst verlorengeglaubte Epoche der Menschheitsgeschichte auf: in die Jungsteinzeit.

Für den Mann aus dem Eis war schnell der Name „Ötzi“ gefunden, unter dem er binnen weniger Wochen weltweit zum „neolithischen Superstar“ avancierte. – 1997, sechs Jahre später. – An der Mumie des Gletschermannes wird noch immer geforscht. Bisherige Erkenntnisse füllen zahllose Protokolle und auch Bücher. Ötzi gilt als der bestuntersuchte Patient aller Zeiten. Doch viele Antworten werfen neue Fragen auf, Fragen, die auch nicht durch modernste Wissenschaftsanalysen zu beantworten sind. Und die meisten dieser Fragen beginnen mit: „Wie war es wohl wirklich, damals ...“

Auch aus diesem Grund begannen 1997 die Vorbereitungsarbeiten zu dem Film *„Der Ötztal-Mann und seine Welt“* und dem gleichnamigen Begleitbuch, das Sie in Händen halten. Über eine Produktionszeit von 18 Monaten habe ich mit unterschiedlichsten Wissenschaftlern, mit Kollegen und Freunden versucht, das letzte Lebensjahr von Ötzi, seiner Sippe, dem Dorf und der damals übermächtigen Urnatur zu rekonstruieren. Wissenschaftliche Daten dienten als Wegweiser für den Filmablauf, den auch dieser Band widerspiegelt.

Ötzi filmisch und fotografisch zum Leben erwecken – ihm ein Gesicht zu geben –, bedeutet eine große Herausforderung. Damit begibt man sich in die Welt der Fiktion, die einerseits Freiheit verspricht, andererseits enge gestalterische Grenzen kennt. Vor allem dann, wenn man sein Herz so an die wissenschaftlichen Fakten hängt, wie ich das versucht habe.

Dieses Buch – sowie auch der Film – kann nur eine Annäherung an „das letzte Jahr im Leben des Eismannes“ und seiner Welt sein. Was wirklich vor 5300 Jahren geschah, wird wohl für immer im Dunkel der Geschichte verborgen bleiben. Obwohl: wir gehen davon aus, daß sich unsere Rekonstruktion auch genauso hätte zutragen können. Und eines läßt sich mit nahezu hundertprozentiger Sicherheit behaupten: „Ötzi“ trug zu seinen Lebzeiten wohl jeden anderen Namen als „Ötzi“ ... Vielleicht hieß der Gletschermann in jener fernen Zeit ja auch „Akum“, vielleicht ... Für Film und Buch habe ich mir erlaubt, diesen Namen auszuwählen. Der leblose Körper „Ötzis“ hat die Vorstellungskraft von Millionen Menschen inspiriert, sich die Welt vor 5300 Jahren in bunten Bildern vorzustellen.

„Akum“ kann sie uns erstmals zeigen ...

Kurt Mündl, Drehbuchautor, Regisseur, Kameramann und Herausgeber dieses Buches
Kirchstetten, Niederösterreich, im August 1999

HERBST

Sinkende Temperaturen und Schneefallgrenzen sowie die Verfärbung der Blätter sind die Boten des Herbstes im Alpenraum.

Auch noch am Ende der Jungsteinzeit waren die Täler der Alpen mit einem fast undurchdringlichen Urwaldteppich bedeckt, dessen Ausläufer bis zur Baumgrenze reichten.
Entlang der Flüsse erstreckten sich wildreiche Auen.
Die Waldgrenze lag damals, Untersuchungen zufolge, etwa bei 2200 bis 2300 m Seehöhe, etwa um 700 m höher als heute.

Der Herbstnebel kommt über Nacht und verfängt sich frierend im Laub.

Ötzi ist für die kalten Tage gerüstet: Obergewand und Beinkleider aus Ziegenfell, eine Mütze aus dem Pelz des Braunbären, Schuhe mit Oberleder aus umgedrehtem Hirschfell und Sohlen aus Bärenleder, sowie ein Umhang aus geflochtenem Pfeifengras, schützend vor Regen und Wind.

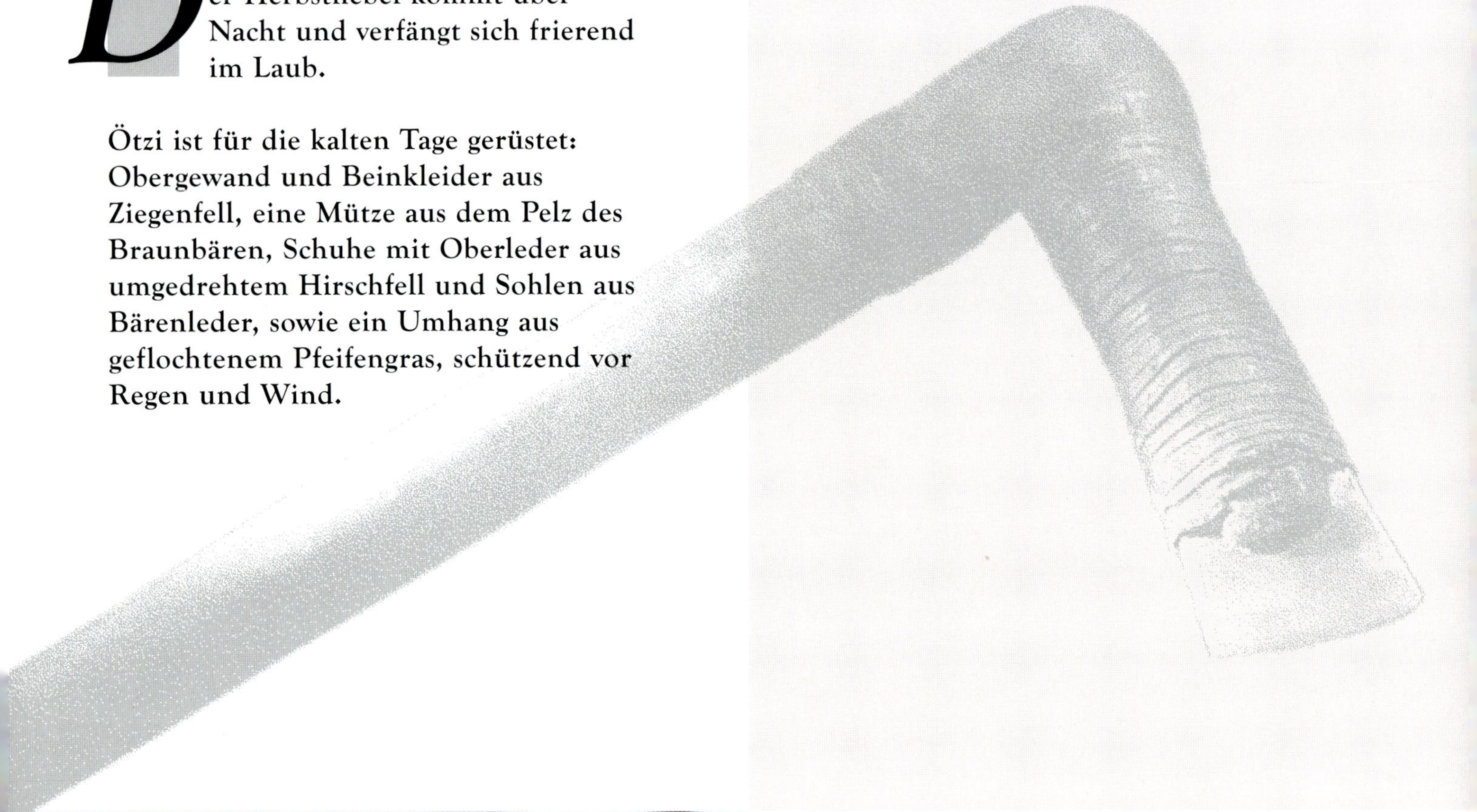

Das Steinzeitdorf lag wohl am Ende eines Tales. In seinem Rücken kletterten die Hänge steil dem Gebirge zu. Die Hütten bestanden aus lehmverfugten Baumstämmen und Langgras- oder Schilfdächern.

Die Pollen der nur südlich des Alpenhauptkammes vorkommenden Hopfenbuche, die man in Ötzis Darm fand, deuten auf dessen Herkunft und Seßhaftigkeit im dort liegenden heutigen Vintschgau hin.

Im Dorf: einer jener geschäftigen Tage, an dem alle Bewohner mit dem Anlegen von Wintervorräten beschäftigt sind. Eine Ziege wurde geschlachtet, und die Frauen kauen Leder weich oder bessern Nähte aus.

Aufgrund der Beifunde wie Ausrüstung und Kleidung, die man bei Ötzi fand, kann man schließen, aus welchen materiellen Lebensumständen er kam, über die sozialen Gefüge seiner Zeit freilich läßt sich nur wenig sagen.

Frisches Fleisch wird in Streifen geschnitten und nahe beim Feuer zum Räuchern und Dörren über eine Stange gelegt. Früchte und Samen werden sortiert und für den Winter vorrätig gelegt.

Eine wichtige Folge der Seßhaftigkeit: die Vorratswirtschaft. Lebensmittel müssen haltbar sein oder gemacht werden, deren Menge für einen Winter und zum Fortbestand der Sippe ausreichen würde.

Pfeil und Bogen gelten seit über 20.000 Jahren als gefährliche Distanzwaffe. Ötzis Bogen ist ein sogenannter Langbogen, übermannshoch und aus Eibenholz gefertigt.
Gute Schützen können damit auf fast 90 m Distanz treffen und töten. Die durchschlagenden Pfeile haben eine Spitze aus Feuerstein, die, wie auch die Befiederung, mit Birkenteer und fein gedrillten Pflanzenfasern am Pfeilschaft aus dem Holz des Wolligen Schneeballs befestigt sind.

Die Grundausrüstung zum unmittelbaren Überleben: das Beil mit Kupferklinge und Knieholmschäftung aus Eibenholz, das Birkenrindengefäß als Behälter (z. B. zum Transport von Glut fürs Feuermachen), der Retuscheur aus einem in Lindenholz eingetriebenen Hirschgeweihspan zum Schärfen von Feuersteingeräten und der Dolch mit Feuersteinklinge und Eschenholzgriff. All das hatte Ötzi 5300 Jahre über seinen Tod hinaus bei sich.

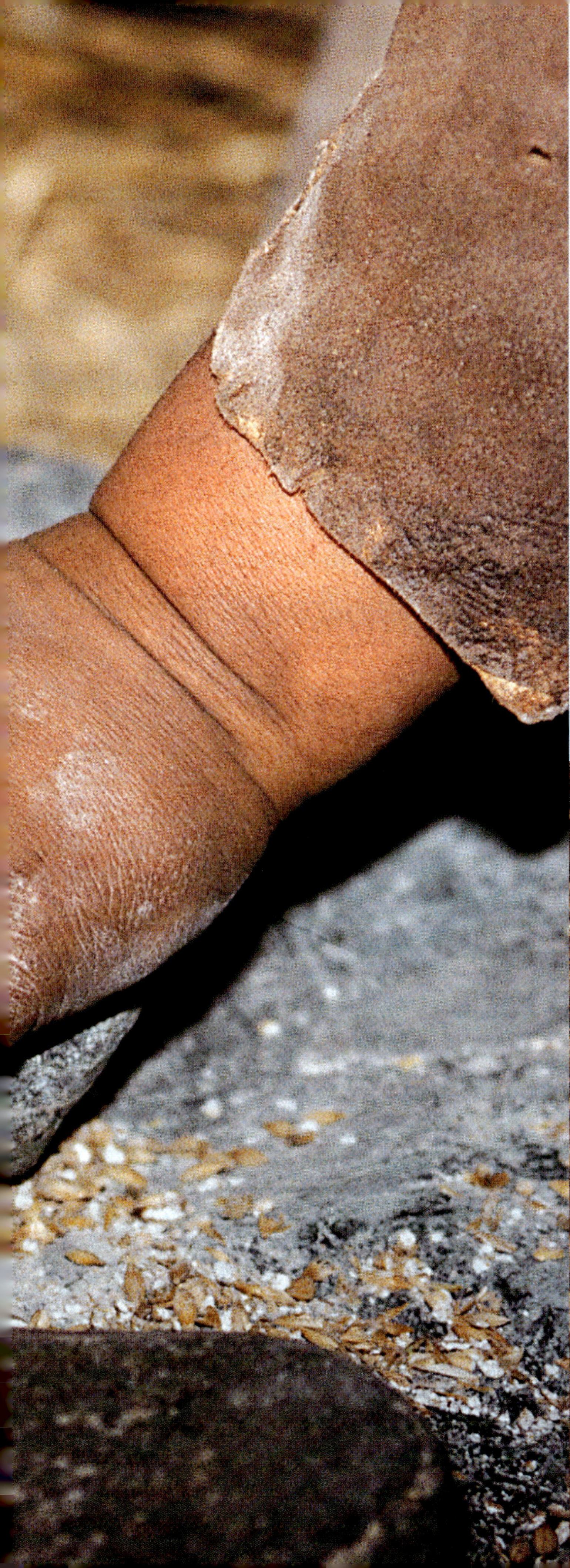

Das Neolithikum ist ein historischer Wendepunkt in der Menschheitsgeschichte. Neben der Viehzucht kommt auch Ackerbau auf. Der Mensch ist nun auch „Nahrungshersteller“ geworden.
Verfilzt in Ötzis Kleidung fand man zwei Getreidekörner mit Spelz sowie in einem Birkenrindengefäß Spelzenreste und ein Ährenstengelstück des Einkorns und Fruchtschalenteile einer Weizenart.
Das Getreide wird zur weiteren Verarbeitung mit Steinen gemahlen.

Brot entsteht, jedoch aus einem noch recht einfachen Teigrezept: Schrot und Mehl, mit Wasser angerührt.
Neben Getreidearten sind auch Ölsamen wie Lein und Mohn in den Teig gemengt, der auf einer Steinplatte über dem Feuer zum Fladenbrot gebacken wird.

Das „tägliche Brot“ bringt durch seine gute Haltbarkeit Sicherheit in die Nahrungsversorgung und steht bis zum heutigen Tag im Mittelpunkt unserer Ernährung.

Ötzis Mütze und Schuhsohlen bestehen aus dem Fell des Braunbären. Dieser war in der dicht bewaldeten Landschaft der Jungsteinzeit keine Seltenheit, wenn auch wahrscheinlich nur selten gesehen. Der Bär dürfte für die Menschen des Neolithikums kein gewöhnliches Tier gewesen sein. Alte Mythen erzählen vom „Großen Bruder“, der stark ist wie sechs und klug wie zwölf Männer.

Am Ufer des Baches die frischen Trittsiegel des Braunbären. Auf dem weichen, wasserdurchtränkten Ufersand hält sich keine Spur lange: Der Bär muß in der Nähe sein. Die Jäger müssen verhindern, daß er ihre Witterung aufnimmt. Bären sind extrem kurzsichtig, haben aber eine unglaublich gute Nase.

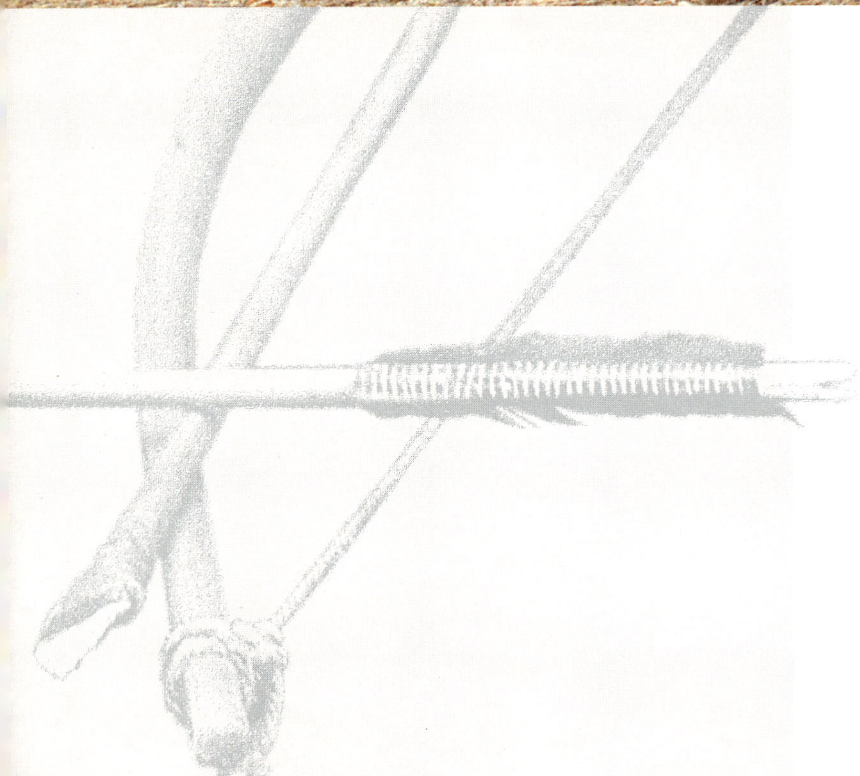

Der Bär! Sofort schießen die Männer mit ihren besten Pfeilen. Es ist gefährlich, das Tier nur leicht zu verletzen. Es könnte dann die Jäger angreifen und sie mit seinen kräftigen Pranken durch die Luft schleudern oder in einer Umarmung erdrücken.

Ein Pfeil trifft neben dem Schulterblatt und dringt bis zur Lunge ein. Kurz taumelt der Bär, dann flieht er ins Dickicht.
Noch immer ist Vorsicht geboten. Auch ein tödlich verwundeter Bär kann sich noch Begleiter ins Totenreich erwählen.

Die Jäger finden den sterbenden, röchelnden Bären in einer kleinen Waldsenke. Noch einmal schießen sie Pfeile ab, und einer drischt dem respektablen Tier über den Schädel. Der Bär ist tot.
Die Innereien werden gekonnt entnommen, das Blut aus der Brusthöhle wird zur Übernahme der Bärenkraft getrunken, und schließlich wird das Fell abgezogen und heimgetragen.

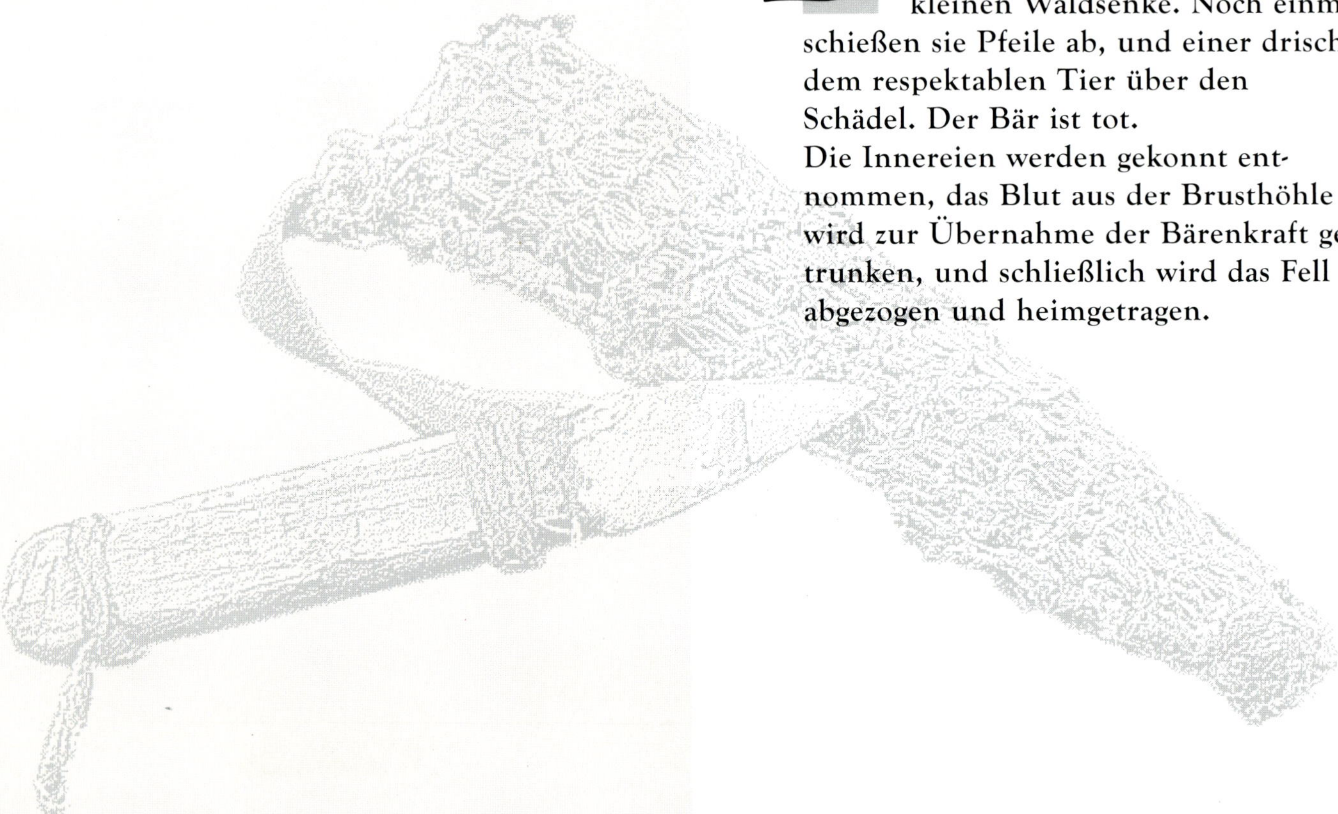

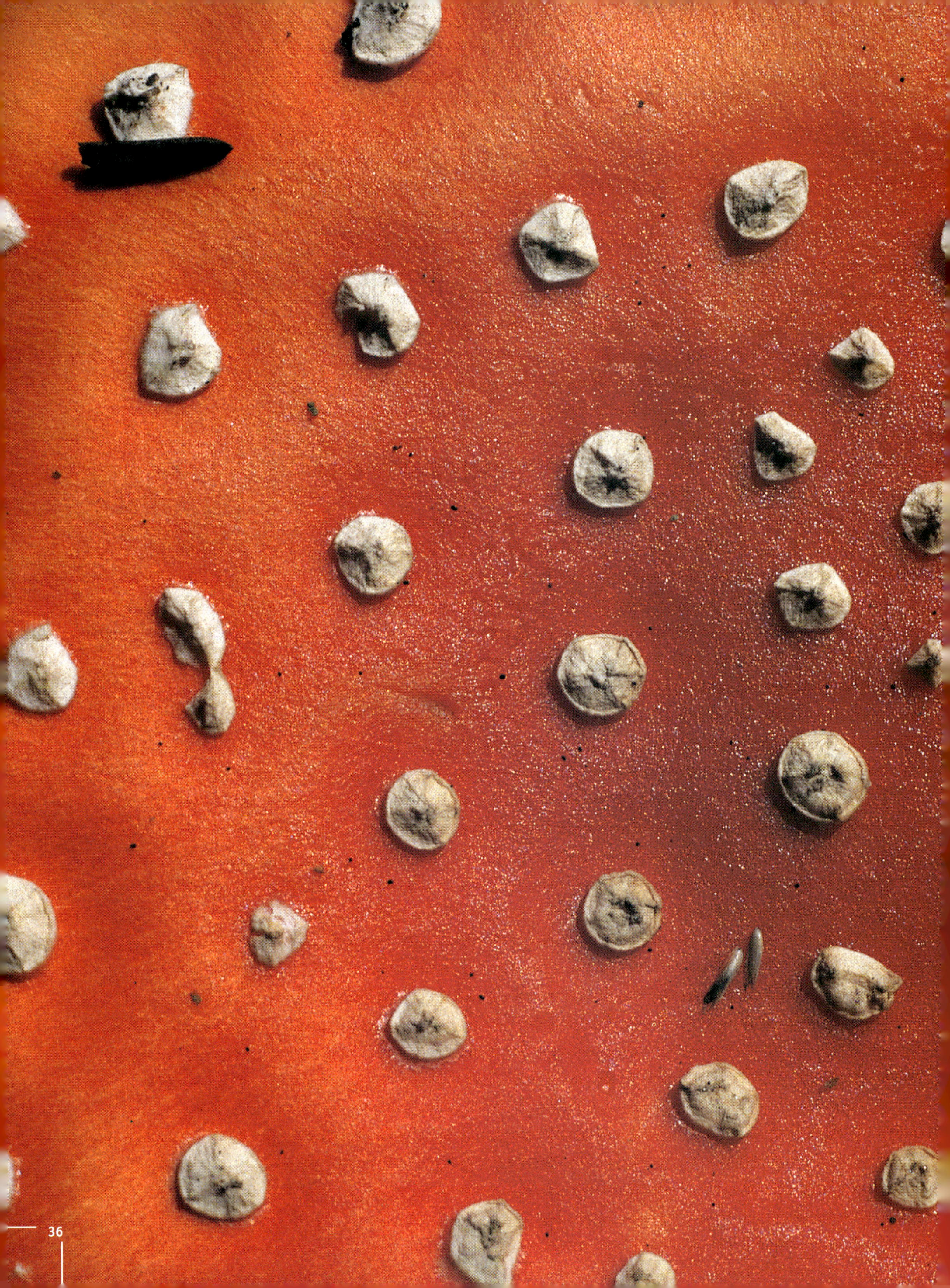

Der Fliegenpilz ist erwiesenermaßen seit uralten Zeiten von Menschen genutzt worden. Neben der Tollkirsche wird der in Birken-, Buchen- und jungen Nadelwäldern im Sommer und Herbst wachsende Blätterpilz wegen seiner halluzinogenen Eigenschaften verwendet.

In einer Schüssel schwimmen Fliegenpilze, Tollkirschen und Kräuter. Der Schamane holt einen Stein aus dem Feuer und senkt ihn in das Gebräu. Das kocht auf und dampft. Er nimmt einen Schluck und reicht die Schüssel weiter. Das Getränk schäumt an den Barthaaren der Männer.
Die Fliegenpilzsuppe bewirkt in der Wahrnehmung der Berauschten extreme optische Verkleinerungen und Vergrößerungen und andere seltsame Streiche.

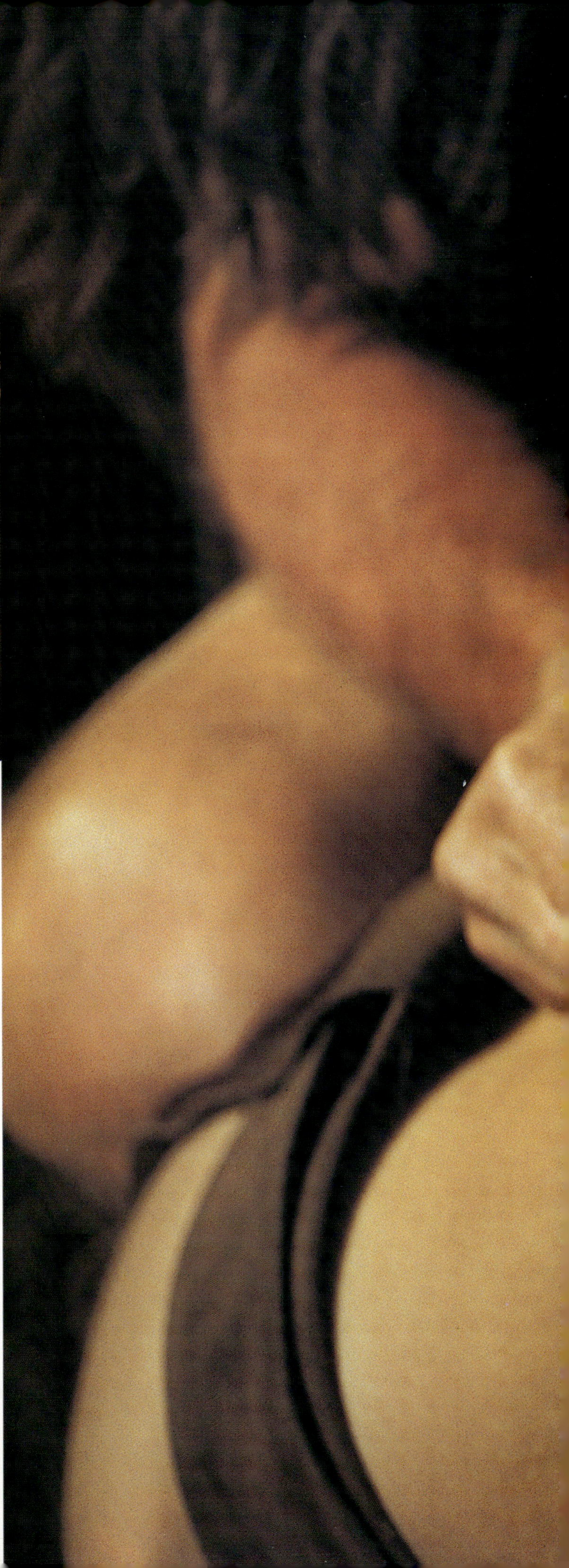

An Ötzis Körper sind Tätowierungen zu sehen, die meist genau dort angebracht sind, wo auch heute Akupunkteure die Stechpunkte ansetzen, um ganz bestimmte Leiden wie, neben anderen, die Symptome des Wurmbefalls (Verdauungsprobleme und Bauchkrämpfe) und Rückenschmerzen (Kreuz am rechten Innenknie) zu behandeln sowie konstitutionelle Stärkung (u. a. Herabsetzung der Kälteempfindlichkeit) zu erreichen. Die Punkte werden mit einem feinen Knochendorn, befestigt an einem Holzgriff, gesetzt und mit kurzen Schlägen eines Hämmerchens eingetieft. Eingeriebene Knochenkohle ergibt die Färbung.

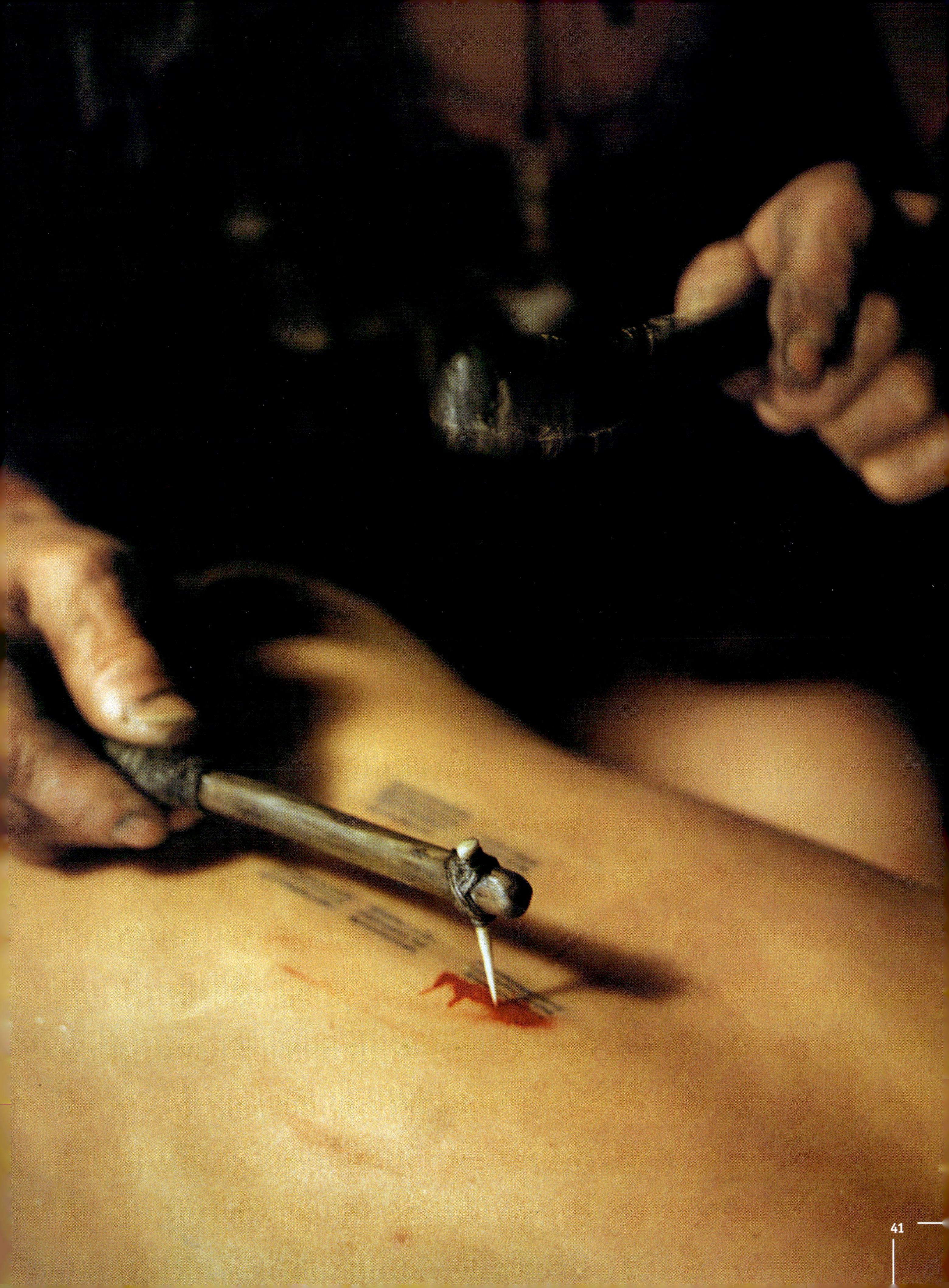

Er ist am Ende. Die Mulde. Hier kann er bleiben. In dieser Bodenvertiefung haben sie letzten Sommer mit den Schafen und Ziegen Zuflucht gefunden, während eines furchtbaren Gewitters, welches den Himmel anzünden und den Berg umwerfen wollte. Fell an Fell gedrängt ...
Nun ist er allein. Kein Blöken, keine Stimme, nur das eigene Atmen. Und das Pfeifen des aufkommenden Schneesturms. Dabei ist es erst Sommer. Akum bläst noch einmal in die Glut, bevor er das Birkenrindengefäß unter den Felsvorsprung stellt. Sein Atem ist schwach, bewegt kaum einen Funken. Er muß am nächsten Tag die Baumgrenze auf der anderen Seite des Alpenüberganges erreichen. Er muß den Bogen fertigstellen. Er muß ...
Akum legt die Ausrüstung ab, die Rückentrage, das Beil, den Rohling für den neuen Bogen, die Schäfte für die Pfeile. Die Pfeilspitzen scheinen sich in seinem Körper zu befinden, stechen ihn bei jedem Atemzug in die Lunge. Er läßt sich vornüber zu Boden sinken. Die Rippen schmerzen so noch heftiger. Vorsichtig dreht er sich auf die Seite. Allmählich beruhigt sich sein Atem.
Wie lange liegt er schon da? Er weiß es nicht. Ist die Glut noch am Leben? Glüht er selbst? Die Schneeflocken schmelzen auf seinem Gesicht. Er spürt es kaum. Sein eigener Körper ist ihm weit entfernt. Wird er sich in einen Bären verwandeln, wie man es den Wilden Männern nachsagt? Er denkt an jenen seltsamen Tag vor gut einem Jahr. Er öffnet die Augen. Er sieht sich durch den Herbstwald stapfen ...

I.

Er stapfte durch den Herbstwald. Die Blätter der Laubbäume leuchteten, als wollten sie die schwächer werdende Sonne unterstützen. Es roch nach Moder und Moos. Der Boden war noch feucht vom Morgentau und schluckte das Geräusch seiner Schritte. Auch aus den Zweigen der Bäume drang kein Laut. Der Wald schien den Atem anzuhalten. Unwillkürlich blieb Akum stehen. Er wollte sich umschauen, das Beil aus dem Gürtel ziehen – da war es schon zu spät. Es kam über einen großen toten Baumstamm gesprungen und warf ihn von der Seite her auf den Boden. Es knurrte bedrohlich über ihm und hatte Fangzähne, die knapp vor seinem Hals zusammenschlugen. Erst als er das Halsfell fest im Griff hatte und so das ganze Tier etwas von sich wegstemmte, erkannte Akum, daß es ein Wolf war. Ein rötlich-braunes Tier, noch jung. Das alles geschah binnen Sekundenbruchteilen. Noch einmal kamen die gefletschten Zähne seinem Gesicht nahe, dann schaffte er es, einen Fuß unter den Bauch des Wolfes zu ziehen und ihn so wegzustoßen. Er schlug hart gegen eine Wurzel und verschwand im Unterholz.
Akum setzte seinen Weg mit dem Beil in der Hand fort. Der Überfall irritierte ihn. Er war schon des öfteren von Wölfen bedroht worden, er hatte schon so manchen dieser raffinierten Jäger erlegt, aber er war noch nie von einem Wolf angefallen worden. Er hatte sich erfolgreich gewehrt, aber er fühlte sich auf einmal schwach. Er wußte, daß diese Begegnung auch anders hätte enden können. Daß ihn dieser junge Wolf den Hals hätte durchbeißen und ihm die Eingeweide hätte herausreißen können. Und er wußte, daß hinter so einem Vorfall nur Waldgeister stecken konnten, jene Schattenjäger, die sich mit den Menschen um die Jagdbeute stritten und, da sie keine direkte Handhabe gegen die Menschen besaßen, das eine oder andere Raubtier gegen sie aufhetzten.
Akum kontrollierte die Schlagfallen. Die funktionierten folgendermaßen: Über dem Köder, meist ein toter Vogel oder eine tote Maus, lehnte, nur von einem dünnen Stab hochgehalten, ein Brett. Auf dem Brett lag ein schwerer Stein, festgezurrt mit Grasschnüren. Drei Fallen verharrten noch in dieser gefährlichen Einladung, eine hatte zugeschlagen, aber keine Beute getroffen, jedoch der Köder war geraubt. Instinktiv spähte Akum umher, als wolle er noch den Dieb ertappen. Dabei blieb sein Blick an einem wohlbekannten Fell, das durch die Zweige huschte, hängen. Ob es dem Dieb gehörte, war jetzt nicht mehr wichtig, jedenfalls gehörte es einem Dachs, der ebenfalls nach

Nahrung Ausschau hielt. Das Einlegen eines Pfeiles, das Spannen des Bogens, Zielen und Schießen waren Akum so vertraut, daß es fast von selbst passierte. Getroffen! Das Blut, das dem Dachs aus der schwarzen Nase tropfte, färbte auch sein wertvolles Fell. Als Akum am Heimweg bei einem Bach vorbeikam, wusch er das Blut ab.

II.

Das Jungsteinzeit-Dorf lag am Ende des Hochtals. In seinem Rücken kletterten die Wälder dem Gebirge zu. Nach vorne hin hatte man einen guten Überblick auf die sumpfigen, mit dichtem Urwald bestandenen Talauen. Die Dorfbewohner lebten in Häusern, deren Wände aus groben, lehmverfugten Baumstämmen bestanden. Die Dächer waren mit Schilf bedeckt, die Öffnungen in den Giebeln dienten dem Rauchabzug. An den meisten dieser Blockhütten war ein kleiner Stall angebaut, am Haus des Dorfältesten eine Vorratskammer. Angrenzend an die Siedlung, mitunter direkt neben einem Haus, lagen kleine schmale Felder.
Als Akum mit seinem Dachs im Schlepptau ins Dorf kam, fand er nur wenig Beachtung. Es war einer jener geschäftigen Herbsttage, wo alle von früh bis spät mit dem Anlegen der Wintervorräte beschäftigt waren. Zwischen den Hütten brannten gleich drei Lagerfeuer, deren weißer Qualm den Ankömmling zeitweise in einen beißenden Nebel tauchte. Wie die Konturen der Dorfbewohner verwischten sich auch die Geräusche und Stimmen, flossen ineinander und stachen dann vereinzelt wieder hervor, da ein Klopfen und ein Ruf, dort ein lautes Lachen.
An einem langen Spieß wurden zwei blutrote Hasen gebraten, an einem anderen tropfte der Saft einer großen Hirschkeule. Der Rest des Hirschfleisches wurde von einem dicken, breitschultrigen Mann in Streifen geschnitten und in der Nähe des Feuers zum Dörren über eine Stange gelegt. Der großgewachsene starke Hebor zerbrach und zerhackte Brennholz. Die schöne Ma´-öma töpferte Krüge nach dem Vorbild ihres eigenen rundlichen Torsos. Eine Frau kaute an einem Stück Leder, um es weich zu machen. Eine andere schnitt kleine Wildäpfel auseinander, und ein Junge fädelte die Hälften zum Trocknen auf einer Grasschnurr auf. Eine andere Frau trug große Tonschalen in den Vorratsschuppen, gefüllt mit Pilzen, Brombeeren, Hagebutten, Schlehen, Haselnüssen. Zwischen all dem hüpfte ein Ferkel herum, gejagt von einem kleinen, kreischenden Mädchen. Die anderen Schweine befanden sich gerade auf Waldweide, die Schafe und Ziegen noch auf der Alm.
Zwei Männer waren mit dem Abbalgen eines Fuchses beschäftigt. Sie ritzten mit scharfen Feuersteinlamellen die Vorder- und Hinterläufe an den Innenseiten auf und achteten darauf, daß die Krallen am Balg blieben. Schließlich hängten sie das Tier an den Hinterläufen auf und streiften ihm das Fell vorsichtig über den Kopf herunter. Einer der Männer, der jüngere Möluk, nahm Akum den Dachs ab und hängte ihn neben den nackten Fuchs.
Möluk war klein und kräftig gebaut, ein unruhiger Kerl, ständig um Aufmerksamkeit bedacht. Er machte ein paar spöttische Bemerkungen wegen Akums blutigen Kratzwunden an den Armen, nannte ihn: Akum, der große Dachstöter. Als dieser nichts darauf erwiderte, packte Möluk die Hinterläufe des Dachses und riß ganz plötzlich, einen übertrieben lauten Kampfschrei ausstoßend, die Arme auseinander. Knochen krachten, und die untere Hälfte des Tieres brach entzwei. Dampfendes Gedärm quoll heraus und verbreitete einen warmen Kotgeruch. Triumphierend grinste er Akum an. Der senkte den Blick.

III.

Wenn er die Augen öffnete, sah er die Tautropfen an den Grashalmspitzen im ersten Sonnenlicht aufblitzen. Sein Bart fühlte sich kalt und naß an. Bald wird er wieder im Haus übernachten, dachte Akum, im warmen

Gedränge seiner Sippe. Die Kinder hatten sich Laubmasken gemacht und kleine Knochen ins Haar gesteckt, das Skelett des Winters, und darunter hingen gelbhäutige Gesichter mit kupferbraunen Lippen, dunkelroten Wangen und orangen Blättern, in die Öffnungen eingeschnitten waren für die großen Kinderaugen, für das Leuchten des nächsten Frühlings.
Es war höchste Zeit für die Ernte. Endlich bestimmte Nehm-nehmharr, der Dorfälteste und Schamane, der sich allabendlich mit den Geistern beriet, den Tag. Am Vorabend schärften die Männer die Feuersteinklingen der Holzsicheln, die Frauen reparierten die Lindenbast-Körbe. Am nächsten Morgen begannen sie mit der Arbeit, Männer wie Frauen, Junge wie Alte, schnitten die reifen Ähren von Einkorn, Emmer und Gerste, Büschel für Büschel, Feldstreifen für Feldstreifen.
Es war an diesem Tag noch einmal warm, sogar etwas schwül, doch ein Gewitter blieb aus, die Dorfbewohner arbeiteten bis zum Sonnenuntergang. Der Dicke drosch die Ähren mit einem Holzknüppel. Eine Frau warf die ausgedroschenen Körner in die Luft, wieder und wieder, dabei blies ein leichter Wind die Spelzen weg. Die einen füllten das Korn in Tonkrüge, die anderen mahlten das frische Getreide zwischen zwei Steinen.
Genauso wie bei der Jagdbeute gehörte auch bei der Ernte die gerechte Aufteilung zu den obersten Regeln im Dorf. Die Verteilung oblag dem ältesten Mann und der ältesten Frau im Dorf. Keiner sollte hungrig sein, es sei denn, alle litten Hunger. Jeder hatte ein gleiches Anrecht auf einen Anteil der Nahrungsmittel. Auch kleinere Jagdbeute – wie eine Schlange, ein Vogel, ein Kaninchen – wurde im Dorf aufgeteilt, selbst wenn dabei für jeden nur ein kleiner Bissen heraussprang.
Am Abend dieses langen Tages saßen sie alle um das große Lagerfeuer in der Mitte des Dorfes und aßen zufrieden das frische Brot. Die alte Momina warf wohlriechende Kräuter in die Flammen und dankte der Großen Mutter für die Ernte. Nehm-nehmharr holte seine Trommel, Akum blies auf einer Knochenflöte dazu, in der Ferne heulte ein Wolf.

IV.

In diesen Herbsttagen begann das große Auswandern der Vögel. Auch in der Au zogen die Vögel davon, und die Füchse streiften irritiert durch die Weiden. In den Wäldern rund ums Dorf wechselte ein Schwarm von Wacholderdrosseln noch unentschlossen die Bäume. An den Nachmittagen drückte der Wind auf ihre Flügel. Er brachte Vögel und Füchse und Gewässer zum Schweigen. Er blies in die Laubwälder hinein wie in eine Glut und ließ die Herbstblätter noch einmal aufflackern. Er brauste pfeifend durchs Tal und trieb die Wolken gegen den Bergkamm. Dort brachen sie auf.
Drei Tage lang fiel Regen, ab dann war es kalt. Der Nebel kam in der Nacht und verfing sich im Geäst der Bäume. Am Morgen hing er immer noch dort. Die Bewohner im Dorf hatten nun alle Hände voll zu tun, ihre Häuser und ihre Kleidung für die kalte Jahreszeit in Ordnung zu bringen. Zu dem Lendenschurz und den meist aus vielen Ziegenfellstücken zusammengenähten Obergewand kamen nun Hose und Grasmantel.
Akums Hose bestand aus zwei separaten Beinröhren in hellbraunem Ziegenfell. An ihren Enden hatten sie lange Laschen, die in die Schuhe gesteckt wurden. Oben waren doppelte Tragriemen angenäht, mit denen die Hosenröhren am Gürtel festgeknotet wurden. Sein Grasmantel war ein bis unter die Knie reichender Umhang aus langem widerstandsfähigem Pfeifengras, zusammengehalten von horizontal eingeflochtenen Grasschnüren – eine besondere Kunstfertigkeit der Momina.
Der Grasmantel half nicht nur gegen die Kälte, der er bei seinen Jagdtouren ins Gebirge nun ausgesetzt war, sondern vor allem gegen den Regen, der daran genauso gut abfloß wie von den Dächern der Holzhütten.

V.

Die Tage begannen in den Ohren, mit dem Tropfen des auftauenden Rauhreifs und dem Blöken der heimgekehrten Schafe. Die Feuchtigkeit und der Nebel setzten Akum stark zu. Oft erwachte er mit Schmerzen im Rücken und in den Gelenken, und Nehm-nehmharr versprach, ihm Abhilfe zu verschaffen.

In der Vollmondnacht versammelten sich die Männer in der Hütte des Schamanen. Es roch nach Melisse, die büschelweise von der Decke hing. Dazwischen baumelten Geweihe, Hörner und Tierschädel, knöcherne Brücken zu der Welt der Geister. Auch Nehm-nehmharr selbst hatte sich mit toten Tieren behangen, seine Fellmütze war mit dem Geweih eines Rehbocks geschmückt, obenauf thronte der gefiederte Kopf eines Bussards, und auf der Stirn prangte der Totenkopf eines Raben.

Der Alte saß beim Feuer und rührte mit einem Holzstab in einer trüben Flüssigkeit. Er murmelte unverständliche Worte. Der Stab war mit einem Schlangenmuster verziert. In der Flüssigkeit schwammen Fliegenpilz-Stücke, Tollkirschen und Weidenröschen-Blätter. Ohne sein monotones Gemurmel zu unterbrechen, nahm Nehm-nehmharr einen mumifizierten Marder und kreiste damit einige Male über der Schüssel. Dann fischte er mit zwei Hölzern einen handtellergroßen, runden Stein aus den Flammen und warf ihn in die Flüssigkeit. Das Gebräu zischte auf und dampfte. Pilzgeruch erfüllte jäh den Raum.

Der Schamane nahm einen Schluck und reichte die Schüssel weiter. Zweimal ging es durch die Runde. Der letzte spuckte nur noch Blätter und eine Kirsche aus. Der Schamane begann nun zu trommeln, und die Männer saßen stumm da und lauschten. Lange verharrten sie so da und schauten ins Feuer, und ihre Augen bekamen einen seltsamen Glanz, und ihre Blicke wurden zunehmend starrer. Dann begann einer mit dem Oberkörper zu wippen, ein anderer verfiel in ein monotones Summen.

Akum spürte ein Ziehen und Zittern in allen Gliedern. Ohne seinen Willen zuckten die Muskeln und Sehnen, als führten sie ein eigenes, von ihm unabhängiges Leben. Auch seine Zunge schien ein Eigenleben zu führen, lange stöberte sie in der Schlucht zwischen zwei Zähnen herum, dann wanderte sie weiter, von Zahn zu Zahn, und einer schien größer zu sein als der andere, riesige spitze Zähne waren das. Es sind die Zähne eines Raubtieres, die Zähne eines Bären, dachte Akum plötzlich und glaubte, er habe sich in einen Bären verwandelt und schrie laut auf.

Schon hatte ihn der Schamane an den Schultern gefaßt und redete ihm zu. Dann hielt er ihm einen Krug mit Schwarzbeerwasser hin und lächelte. Akum nahm den Krug. Er hatte Schwierigkeiten, ihn zu halten, denn seine Hände waren leicht wie Federn und der Krug so schwer wie ein Felsbrocken.

Er ließ den kalten Saft in sich hineinfließen, und der Saft war ein Wasserfall und Akum ein Riese. Er lag in der Schlucht und nahm einen Schluck vom Wasserfall. Dann stand er auf und ging. Unter seinen Fußsohlen zersplitterten Bäume. Mit wenigen Schritten war er im Dorf. Die Menschen waren so klein wie Ameisen. Er bückte sich und ließ einen auf seine Hand klettern. Es war Nehm-nehmharr. Dieser rief ihm zu, er solle sich nun hinknien und ihm den Rücken zuwenden.

VI.

Akum kniete auf dem Bärenfell des Schamanen. Er mußte sich mit den Händen abstützen, um Halt zu finden in der Bilderflut des Fliegenpilzrausches. Der Schamane nahm den vertrockneten Marder zur Hand. Er bewegte unaufhörlich die Lippen, ohne zu sprechen. Er ließ das verschrumpelte Tier über Akums Rücken kreisen, siebenmal in die eine Richtung, siebenmal in die andere. Dann packte er sein Tätowierwerkzeug aus einer kleinen Ledertasche, einen Holzgriff mit einem befestigten Knochendorn. Mit dem Zeigefinger prüfte er die Spitze des Dorns. Dann massierte

er die zu tätowierende Stelle links der Lendenwirbelsäule.
Während der Schamane kleine Löcher mit einem vorsichtigen Stakkato von Schlägen in seine Haut klopfte, Loch für Loch in einer geraden Linie, starrte Akum auf den toten Marder, und je länger er ihn anschaute, um so mehr kam es ihm vor, daß das Tier noch lebendig war. Es hatte die Lefzen zurückgezogen und bleckte die Zähne, und aus seinen Augen schauten ihn die Augen Möluks an. Ja, der Marder trug eindeutig das Gesicht seines Jagdgefährten, und dieses Gesicht war blutverschmiert und grinste ihn an, lachte hämisch.
Die Tierschädel ringsum schnauben plötzlich auf, die Holzstämme der Wände bekommen Muskeln, das Dörrfleisch beginnt heftig zu flattern, dann stürzt es sich senkrecht auf ihn, mit dem „Schnabel" voraus. Wieder und wieder bohren sich die Vögel in sein Fleisch, aber es schmerzt nicht, es sind die Fingernägel einer Frau, es sind Asulas Fingernägel, sie bohren sich in seinen Rücken, und ein Schwall von Hitze fließt in seinem Körper hinauf, strömt in seinen Kopf, läßt ihn anschwellen wie einen aufgeblasenen Tierdarm, treibt ihn mit dem Rauch des Feuers Richtung Dachgiebel, ehe ihn ein etwas tiefer geratener Stich jäh wieder herunterholt zu seinem Körper, auf den Hüttenboden, vor den Tätowierdorn des Schamanen.
Nehm-nehmharr wischte mit einem Farnblatt das Blut von der Haut und hämmerte mit dem Knochendorn den nächsten Punkt hinein. Dann folgte eine zweite Linie von Punkten, parallel zur ersten, und eine dritte. Schließlich nahm der Alte den ausgehöhlten Gelenksknochen eines Auerochsen, zerstampfte ein Stückchen Tierkohle darin, fügte ein Gemisch aus Kräutern dazu, zerrieb es und vermengte das Ganze mit Spucke. Diese bläuliche Paste schmierte er seinem Patienten auf die frische Tätowierung.

VII.

Die Männer verwandelten sich nach ihrem Tod in Tiere, die Frauen und Bäume lebten in ihren Kindern fort, dachte Akum, als er über die dicke, moosbewachsene Baumleiche stieg und sah, wie viele Baumkeimlinge auf dem morschen Holz gediehen.
Die Jäger durchstreiften den Herbstwald auf der Suche nach kranken und abgestorbenen Buchen. Nicht die Bäume interessierten sie, sondern der Parasit an ihren Stämmen, der braune Zunderschwamm. Sie brachen ihn mit der Hand ab oder schlugen ihn mit dem Beil herunter. Das zwischen der oberen Kruste und der unteren Röhrenschichte gelegene Fruchtfleisch brauchten sie zum Feuermachen. Zunächst mußte es gut trocknen. Dann wurde das Zundermaterial gerieben, bis es flockig war wie eine kleine Wolke am Sommerhimmel. In dieser Konsistenz brachten es die Funken von Pyrit und Feuerstein leicht zum Glimmen. Blies man vorsichtig in dieses Glutnest, flammte es auf.
Akum trug immer etwas Zunder, einen Pyritknollen und einen Feuerstein in dem um den Bauch gebundenen Ledertäschchen, denn man wußte nie, wo man ein Lager aufschlagen oder sich mit Feuer vor Raubtieren schützen mußte. Manchmal waren sie auf der Suche nach einer bestimmten Delikatesse, zum Beispiel nach Honig, tagelang unterwegs.

VIII.

Am Ufer eines Baches die frischen Trittsiegel eines Bären!
Im Nu herrschte große Aufregung unter den Männern. Möluk überprüfte die Fährte mit den Fingern. Auf dem weichen, wasserdurchtränkten Ufersand hielt sich keine Spur lange. Es bestand also kein Zweifel: Der Bär mußte in unmittelbarer Nähe sein. Die Jäger gestikulierten heftig, unterhielten sich mit gedämpfter Stimme. Sie sahen nach, ob sich in der Nähe auch die Spur eines

jungen Bären befand – aber da war nichts. Es hätte eine zusätzliche Gefahr bedeutet. Sie wußten, wie aggressiv Bärenmütter werden konnten, wenn sie ihr Kind verteidigten.
Sie legten besonders gute Pfeile in die Bogensehnen, vereinbarten, wer den Bär bei einer Begegnung von welcher Seite angreifen sollte. Dann eilten sie los, den Blick auf der Fährte, sprangen über den Bach, über Baumstämme und Äste und – da ist auf einmal der Bär, schneller, als sie gedacht haben, steht da auf einer kleinen Lichtung, groß und stark. Akum bleibt stehen und legt an, Möluk weicht nach links aus, Fubko nach rechts.
Der Bär ist irritiert vom Menschengeruch, richtet sich auf, wittert nach allen Seiten. Nun gilt es für die Jäger, schnell zu sein. Schnell zu schießen, aber doch gezielt. Denn von seinem harten Schädel kann ein Pfeil leicht wieder abprallen. Oder ein nur leicht verletzter Bär kann derart in Wut geraten, daß er nicht flieht, sondern seinerseits die Jäger angreift, sie mit seinen kräftigen Pranken durch die Luft schleudert oder in einer Umarmung erdrückt.
Fubkos Pfeil trifft den Bären oberhalb des Schulterblattes. Kurz taumelt er, dann läuft er weiter. Die beiden anderen schicken ihm ihre Pfeile nach. Haben sie getroffen? Sie wissen es nicht, schon ist vom Tier nichts mehr zu sehen. Sie suchen am Boden nach den Blutspuren und nehmen die Verfolgung auf, vorsichtig, mit angelegten Pfeilen. Sie finden ihn in einer Talsenke, schwer atmend, röchelnd. Sie schleichen sich näher an das sterbende Tier und schießen noch einmal ihre Pfeile ab. Noch einmal versucht der Bär seinen Kopf zu heben, dann rührt er sich nicht mehr. Mit der Axt in der Hand, bereit, sofort wieder zurückzuspringen, kommt Akum auf das Tier zu und drischt ihm mit der Holzseite der Axt auf den Schädel. Keine Reaktion. Der Bär ist tot.

IX.

Die drei Jäger näherten sich mit großem Respekt. Sie legten jeder eine Krähenfeder auf das tote Tier und knieten vor ihm hin. Sie berührten mit ihren Handflächen den Boden, begannen sanft zu trommeln und sprachen leise rhythmische Worte, sprachen dem Geist des Waldes ihren Dank für das Jagdglück aus und baten den Geist des Tieres um Verzeihung.
Der Bär war kein gewöhnliches Wesen, und sein Tod berührte die Männer mehr als der Tod jedes anderen Tieres. Gab es doch das Gerücht, daß sich Wilde Männer – das waren jene Männer, die außerhalb der Stämme und der Dörfer lebten – nach ihrem Tod in Bären verwandelten. Auch die Bezeichnung „Großer Bruder“ förderte solche Vorstellungen. Die Bezeichnung „Großer Bruder“ kam nicht von ungefähr, gab es doch zahlreiche Ähnlichkeiten, die auf eine Verwandtschaft zwischen Bär und Mensch hinwiesen: Der Bär kann auf zwei Beinen gehen wie ein Mensch. Er frißt gerne Beeren, Äpfel, Eier, Getreide und Brot. Er kennt Heilkräuter, die er zu sich nimmt oder die er sich in sein Fell schmiert. Er trinkt Wasser. Er badet, wenn es warm ist, im Bach. Die Bärin hat Zitzen an der Brust und nicht am Bauch. Und so weiter.
Der alte Nehm-nehmharr erzählte zum Beispiel, er habe Bären einmal bei der Paarung zugesehen, und sie hätten es so gemacht wie die Menschen. Einmal, in dem Dorf am Anfang der großen Ebene, habe ein Bär eine Frau entführt und mit ihr in einer Höhle gelebt. Die Frau gebar einen Sohn, der einen großen pelzigen Bärenkörper hatte und den Kopf eines Menschen. So erzählte Momina, die früher einmal mit ihren Heilkräutern durch die Gegend gezogen war und viele Geschichten gehört hatte.
Die Jäger entfernten die Pfeile mit großer Vorsicht, um keine der kostbaren Feuersteinspitzen zu verlieren. Dann schnitten sie dem Bären den Bauch auf. Sie entnahmen die Innereien. Sie schöpften mit der hohlen Hand das frische Blut aus der Brusthöhle des Bären und tranken es. Sie nahmen die Kraft des Bären in sich auf.

WINTER

In der Nacht fällt mit dem letzten Gewitter des Jahres der erste Schnee. Am Morgen ist der Himmel wieder klar. Die Morgensonne läßt die Gipfel aufleuchten. Zaghaft schwenkt sie in Richtung Tal, wo sie aber für Monate nicht mehr ankommt.

Es kommt vor, daß über Nacht alle Glut erloschen ist und mit Hilfe von Pyrit, Feuerstein und Zunder ein neues Feuer entfacht werden muß. Feuererzeugung vor 5300 Jahren: Der getrocknete und zerriebene Zunderschwamm wird in ein Schälchen gelegt und durch die Funken, die durch das Aneinanderschlagen von Eisenpyrit und Feuerstein entstehen, zum Glimmen gebracht. Durch Blasen und Beigabe trockener Gräser entfacht man ein Feuer.

Winter, das heißt nicht, daß sich die Dorfbewohner zu einem monatelangen Schlaf verkriechen können wie Bären und Murmeltiere. Winter bedeutet harte Arbeit: Sie brauchen mehr Brennholz. Und dessen Beschaffung im tief verschneiten Wald ist äußerst beschwerlich.

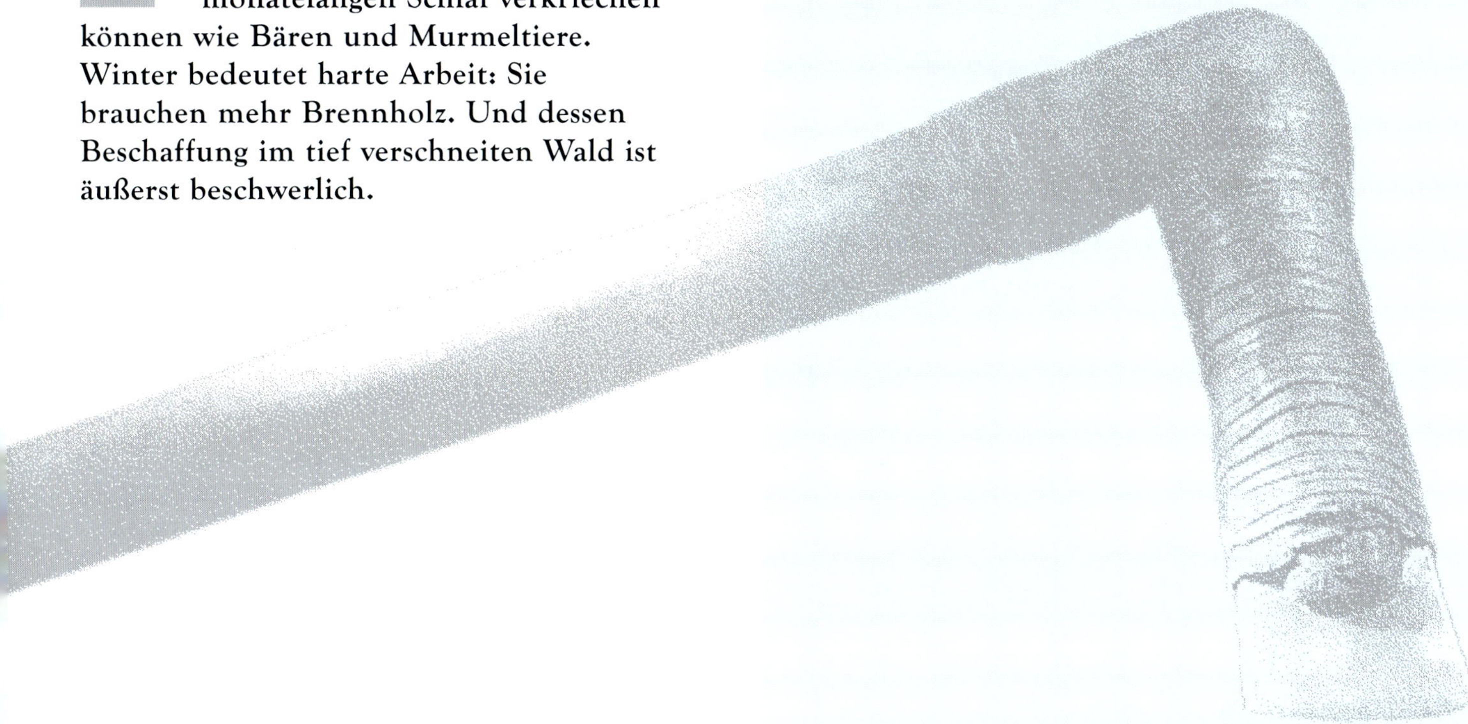

Auch die Frauen und Kinder ziehen täglich los, stapfen, einer hinter dem anderen, die Trampelpfade durch den Wald. Sie brechen Zweige über dem Knie und bündeln sie. Tragen das Holz ins Dorf, um dort das Feuer zu füttern, das ihre klamm gewordenen Finger wieder zum Leben erweckt.

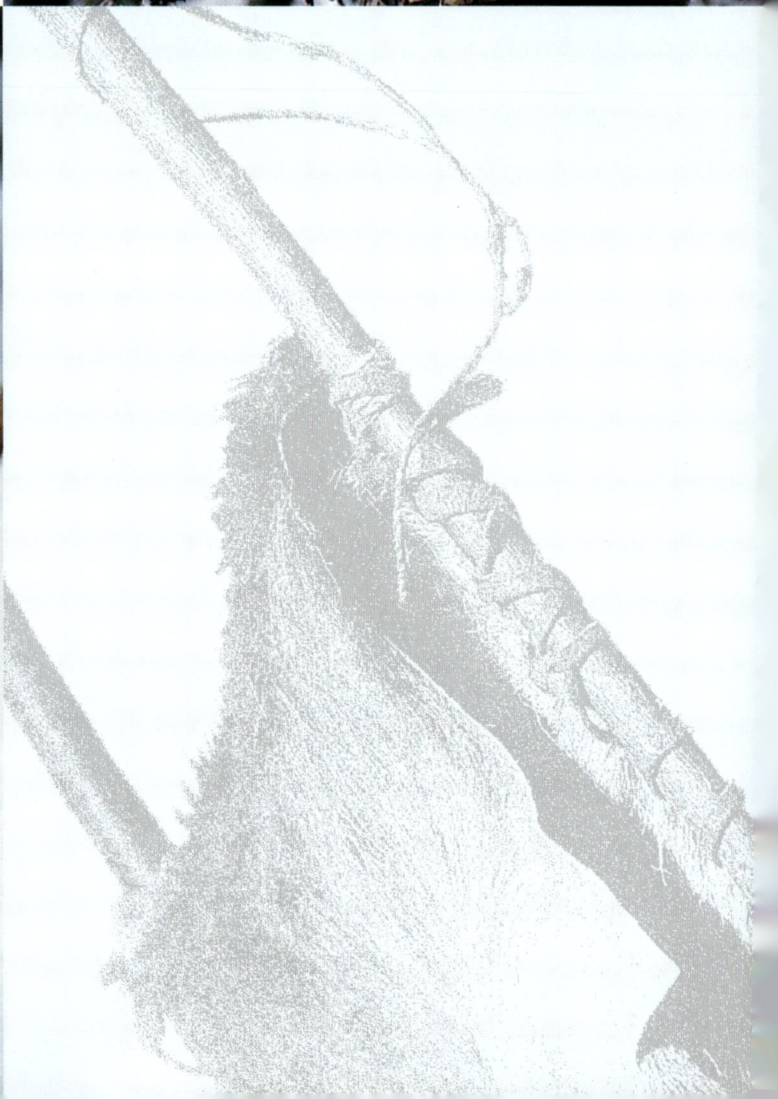

Dem kürzesten Tag des Jahres wird seit sehr alten Zeiten mit einem Feuer gedacht. Die ab nun länger werdenden Tage holen die Hoffnung auf den fernen Frühling an den Anfang der Winterszeit. Die Funken der Flammen scheinen feine Risse in die Kälte zu treiben.

Der Wasserfall ist an seiner Oberfläche erstarrt, der Bach zugefroren. Trotzdem ziehen die Männer mit ihren Harpunen los, zum Reich der Bachforelle.
Die seitlichen Spitzen der Steinzeit-Harpunen sind mit Geweihstücken ausgestattet, aus denen scharfe Zacken gearbeitet wurden. So ist mit dem Mitteldorn aus Holz ein Dreizack gebildet.

Um auf Eis und im Schnee die Füße warm zu halten, werden die Lederschuhe mit Heu ausgestopft.
Zur Fixierung des isolierenden Heus ist im Schuh ein aus Grasschnüren geknüpftes Netz befestigt, das den Spann und die Ferse bedeckt. Der Schaft um das Fußgelenk ist mit Grasschnüren umwickelt, um ein Eindringen von Schnee und Feuchtigkeit zu verhindern.

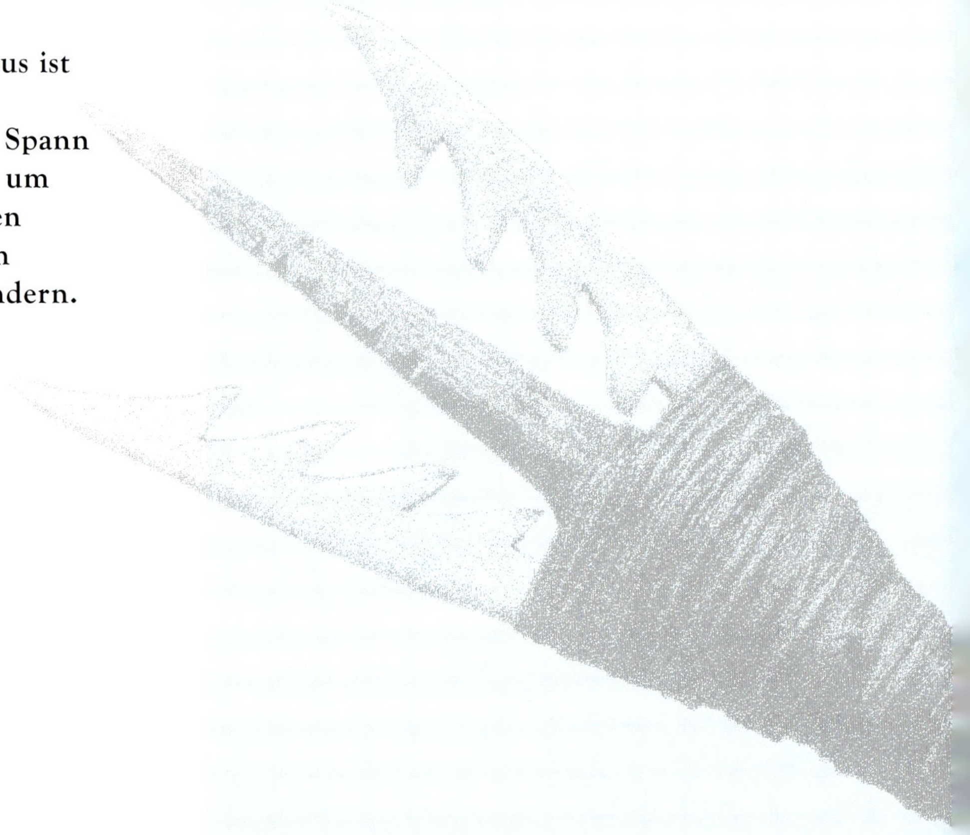

Mit dem Beil hacken die Jäger Löcher ins Eis.
Doch diesmal stochern sie vergeblich mit den Harpunen im dunklen Wasser nach Forellen. Plötzlich ein Schrei. Einer von ihnen ist eingebrochen. Schnell ziehen ihn die beiden anderen aus dem eisigen Wasser.

Selbst die Sonne ist bleich und kraftlos. Kalt erledigt sie Tag für Tag ihren kurzen Bogen über den Winterhimmel.
Ohne Vorratswirtschaft wäre der harte Winter in der Alpenregion nur schwer zu überleben.

Mit Fortdauer des Winters schrumpft allmählich die Vielfalt des Nahrungsangebotes. Dem zähen Dörrfleisch ist nur durch endloses Kauen beizukommen. Das Getreide zum Brotbacken ist bereits aufgebraucht. Und die getrockneten Früchte werden knapp. Die verdorbenen Äpfel werden den Haustieren gefüttert. Auch deren Vorräte an getrocknetem Gras und Laub gehen zur Neige.

Die langen Winterabende werden vom Geschichtenerzählen geprägt. Die Dorfbewohner sitzen um das Feuer, knüpfen, schnitzen, kauen Dörrfleisch und lauschen den Mythen von den Waldgeistern. Mythen sind zwar phantastische Erklärungen dafür, warum Dinge so sind, wie sie sind, aber das Leben in der Wildnis erlaubt keine grundsätzlichen Fehlbeurteilungen der Wirklichkeit.

Von einiger Entfernung erkennen die Männer einen Wolf, der sich an seiner Beute zu schaffen macht.
Seine Drohgebärde ist unmißverständlich und Zeichen von Aggression, aber auch Angst.

Als den Jägern klar ist, daß es sich bei dem Wolf um einen Einzelgänger handelt, nehmen sie die Beile zur Hand und laufen mit Gebrüll auf das Tier zu.
Der Wolf flüchtet ins Unterholz.
Die Beute, ein frisch erlegtes Reh, bleibt den Männern.

Der Feuerstein (oder Silex) muß auf eine Art und Weise zerschlagen werden, die brauchbare Bruchstücke ergibt.

In den Bergen östlich des Gardasees gibt es ein Silexvorkommen, von dem die bei Ötzi gefundenen Feuersteine stammen dürften.

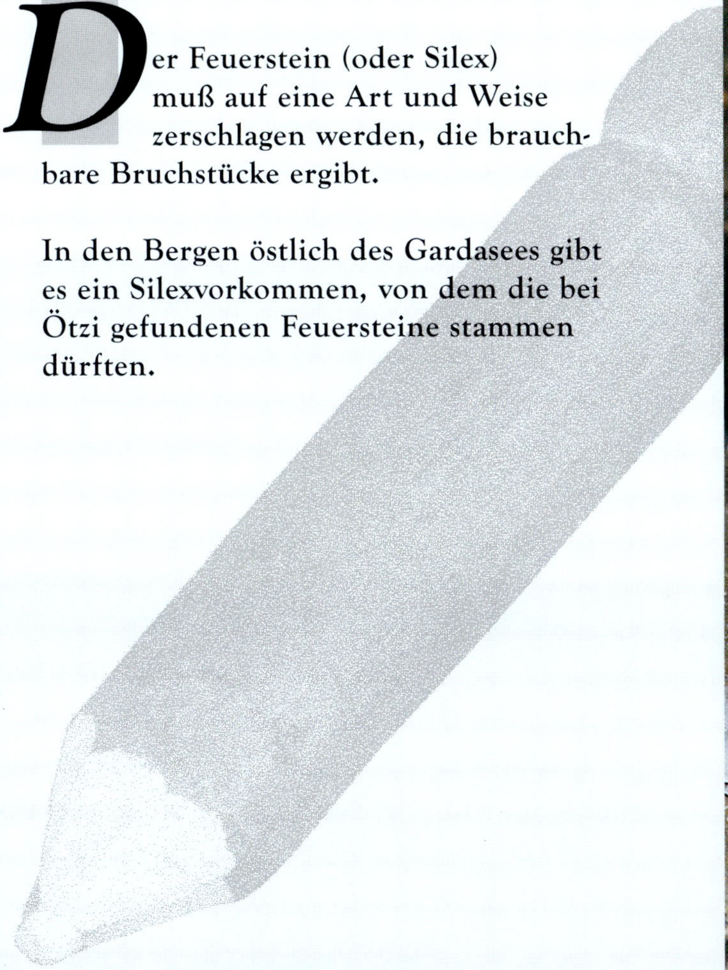

Ausgesuchte Scherben des glasähnlichen Feuersteins können als Bohrer oder Klingen verwendet werden, dienen zum Schnitzen, Schneiden und Schaben. Aus besonders geeigneten Stücken lassen sich mit dem Retuscheur Dolchklingen und Pfeilspitzen herausarbeiten.

Für die Schäfte der Pfeile suchen sich die Jäger die geraden Triebe des Wolligen Schneeballs, manchmal auch Hartriegelholz. Für das gebogene Rahmenwerk seiner Rückentrage nimmt sich Ötzi einen biegsamen Haselstock mit.
Die Menschen der Jungsteinzeit hatten ein großes Wissen über die verschiedenen Hölzer in ihrem Lebensraum. Ein Wissen, das uns heutigen Zivilisationsmenschen verlorenzugehen scheint.

Den Birkenteer erhitzt man über dem Feuer, dann trägt man ihn an den betreffenden Stellen am Pfeilschaft auf. Sowohl Feuersteinspitze als auch die Befiederung werden damit festgeklebt.
Birkenteer ist der Kraftkleber der Vorzeit. Das für die Gewinnung dieses Teers benötigte Pech wird durch Verschwelen von Holz oder Rinde der Birke gewonnen.
Zum Schluß wird ein dünner Faden über die Klebstellen gewickelt.

Ein Luchs fängt eine Maus auf ihrem oberirdischen Ausflug ab. Es ist seine letzte Beute.

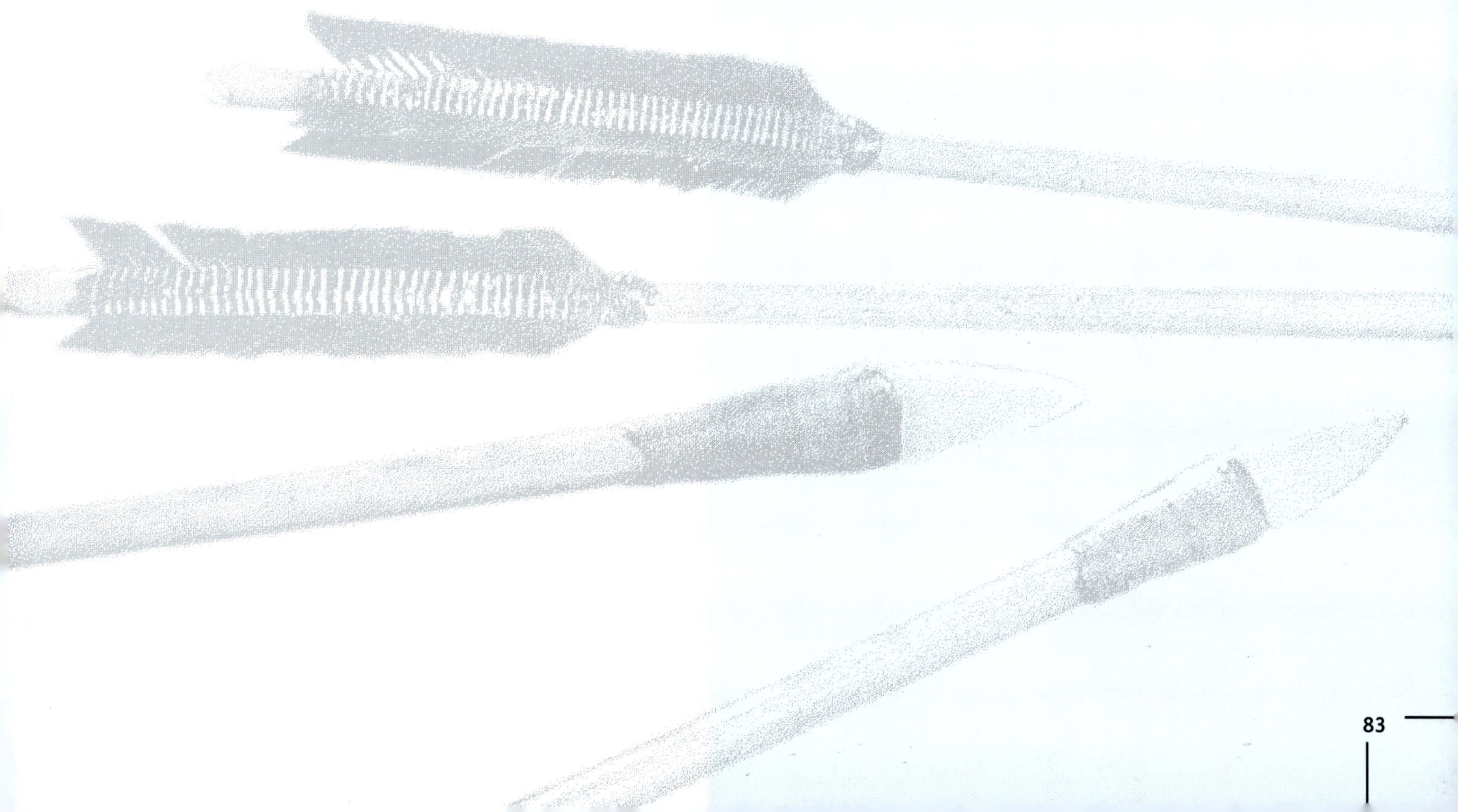

Zwei Tage verfolgten sie seine Spur, bevor sie den wendigen Luchs zu Gesicht bekommen.
Einen weiteren Tag dauert es, bis sie ihn erlegen. Mit der schweren Last am Tragstock müssen die Jäger auch am Rückweg ins Dorf für eine Nacht ihr Lager im Wald aufschlagen.

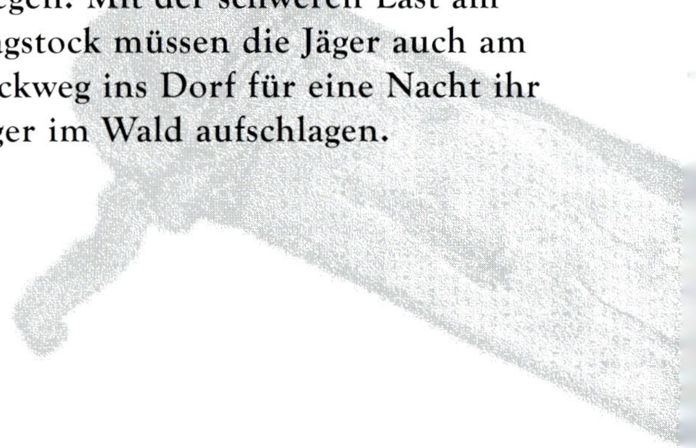

Und noch mehr Jagdbeute.
Das Wild muß, im Dorf eingelangt, sofort verarbeitet und vor räuberischen Tieren verborgen werden. Auch im dichtesten Schneegestöber. Für Tage scheint die Nahrungsversorgung der Dorfbevölkerung gesichert zu sein.

I.

In den Nächten fiel dichter Schnee. Aber jeden Morgen war der Himmel klar, die Sonne ließ die Büsche funkeln, und wenn Schnee von den Ästen fiel, erfüllten Wolken von glitzerndem Staub die Luft. Auch das Dorf war jeden Morgen mit frischem Schnee bedeckt, die Häuser trugen bereits dicke Hauben, und wer aus dem Dunkel seiner Hütte ins Freie trat, mußte zunächst stehenbleiben, weil er geblendet wurde. All das Weiß ringsum leuchtete so stark, als habe der Schnee die Sonne verschlungen.

Es war ein sonniger Tag. Die Oberfläche des Schnees war harsch und zerbrach unter den Bärenledersohlen der zwei Jäger. Ihre Schritte waren zu laut, um sich anzuschleichen. So gingen sie langsam und versuchten mit den Augen vorauszueilen. Wenn sie ein Wild erblicken würden, wollten sie sich rechtzeitig hinter den Bäumen verstecken und ihm auflauern.

Nun sahen sie eines und blieben doch wie angewurzelt stehen. Nur die Hände bewegten sich, warfen die Verschlußkappe des Köchers zurück, griffen nach den Pfeilen, legten sie auf die Bogensehnen.

Was sich da auf der anderen Seite der Lichtung bewegte, war ein Wolf. Er machte sich an etwas zu schaffen, zerrte daran, sprang auf, stürzte sich wieder darauf. Sie sahen seinen heißen Atem in der Luft.

Als den beiden Männern klar war, daß es sich bei dem struppigen grauen Wolf um einen Einzelgänger handelte, nahmen sie die Pfeile von der Bogensehne und rannten laut schreiend auf das Tier zu. Der Wolf drehte überrascht den Kopf zu ihnen. Er stellte die Nackenhaare auf und fletschte die Zähne. Er starrte sie unverwandt an, während er sich mit geducktem Hinterteil langsam nach rückwärts schob.

Möluk, der vorneweg lief, zog sein Beil aus dem Gürtel und fuchtelte damit wild in der Luft. Sein Gefährte Akum machte es ihm gleich. Als sie die Mitte der Lichtung erreichten, jaulte der Wolf kurz auf und flüchtete ins Unterholz. Das Gebrüll der Männer verwandelte sich in ein lautes Lachen.

Die Beute, die der Wolf so widerwillig aufgegeben hatte, war ein frisch gerissenes Reh. Die Jäger begutachteten es mit den Händen. Dann nahmen sie das Reh auf und stapften den Hang hinunter.

Akum trug eine neue Bärenfellmütze. Der Wolf, dem sie die Beute abgejagt hatten, war ein anderer als jener, der ihn im Herbst angefallen hatte. Trotzdem fühlte Akum eine gewisse Genugtuung. Die Geister schienen ihm nicht mehr böse zu sein.

II.

Die rauchige, fahle Winterdämmerung schien durch Fensterluken, durch Giebelöffnungen und die Ritzen der Tür. Es war so eiskalt, daß die Wände knarrten. Der Boden. Die Berge. Der Himmel. Alles drohte auseinanderzusplittern vor Kälte.

Ma´-öma stöberte in der Asche, um vielleicht schlummernde Glutstückchen zum Leben zu erwecken. Die anderen schliefen noch. Akum stieg vorsichtig über sie hinweg. Mit schweren Gliedern stapfte er zum Stall.

Er mußte mehrmals gegen die am Boden angefrorene Stalltür treten, ehe sie aufsprang. Er stellte die Schüssel unter das Euter und rieb sich die Hände. Beim Melken breitete er seinen Fellmantel wie ein Zeltdach über sich und die Ziege, lehnte seine Stirn gegen die warme Flanke des Tieres und tauchte noch einmal ein in die Welt der Träume.

Als er mit der Milch zurückging, war der rötliche Streifen von der grauen Wolkenmasse verschlungen. Es roch nach Schnee. Er sah sich um. Eine Krähe glitt geräuschlos übers Dorf. Er folgte dem Flug des Vogels, und plötzlich kam es ihm vor, als sei alles andere, der Himmel, die Landschaft, das Dorf, er selbst, ja, als sei sogar der Große Geist in der Kälte erstarrt. Er blickte zu den Bäumen, sie bewegten sich nicht. Und wo war die Krähe jetzt? War auch sie erstarrt und wie ein Stein vom Himmel gefallen? Konnte es sein, daß eines Tages die ganze Welt erfror?

Bellendes Husten aus der Hütte Möluks verscheuchte diese Frage. Seine Hütte atmete, blies dicken weißen Rauch, der aus einem neu entfachten Feuer quoll, aus der Giebelöffnung. Aus Mominas Stall schnüffelte ein hungriges Schwein zwischen den Brettern hervor. Das Dorf erwachte. Das Leben ging weiter. Akum beschloß, in den Wald zu gehen, bevor ein neuerlicher Schneefall alle Spuren verdeckte.

III.

Das Leben ging weiter, mitten im Winter. Mitten im Winter hatte ein Fichtenkreuzschnabel-Paar Junge ausgebrütet. Während fast alle anderen Vögel verstummt waren, zwitscherten sie munter drauflos, hängten sich kopfüber von den Zweigen, blieben schwirrend in der Luft stehen und brachten auch mit ihren roten Federn an Kopf, Brust und Bauch Leben in den Winterwald.

Akum fand die Spuren der anderen Waldtiere. Er fand die Wege, welche die Rothirsche genommen hatten. Die Stellen, an denen sie nach Gräsern gescharrt hatten. Die abgerupften Wipfel junger Fichten, die Bißwunden an den Baumstämmen, ein paar Haarbüschel des Winterfells im Gestrüpp der Schlehdornhecken.

Er stieß auch auf die Fährte und die Kratzspuren eines Luchses, hörte das Heulen hungriger Wölfe, sah einen Bussard kreisen. Plötzlich huschte ein verschwommenes weißes Etwas in der weißen Umgebung. Akum schoß einen Pfeil ab, doch zu spät, der Schneehase war schon wieder im Winter untergetaucht.

Als er den Pfeil zurücksteckte, fiel ihm ein, daß er einen neuen Köcher brauchte, und er stapfte auf der Suche nach einem Haselstab Richtung Waldrand. Dort stieß er auf vier Frauen aus dem Dorf, die Brennholz sammelten. Schwer beladen kehrten sie in der frühen Dämmerung ins Dorf zurück. Es begann wieder zu schneien. Bis zum Dunkelwerden half Akum den Kindern beim Bau einer Schneehöhle.

IV.

Der Klang der Worte prägte die langen Winterabende im Dorf. Die Menschen saßen rund um das Feuer und sprachen. Sie besuchten einander in den Hütten, sie schnitzten an ihren Werkzeugen und sangen, trommelten, erzählten Geschichten. Sie zelebrierten Rituale und Liebesspiele. Sie unterschieden nicht zwischen Arbeit und Spiel, Religion und Erziehung.

Während sich die Frauen des Dorfes an diesem Abend bei einem berauschenden Kräutergebräu in der Hütte der Momina trafen und der starke Hebor den kleinen Kindern anhand von geschnitzten Holzfiguren die Geschichte vom großen Kampf zwischen den gefiederten Tieren und den behaarten Tieren erzählte, arbeitete Akum an seinem neuen Köcher.

Aus dem Rest eines Gemsenfells schnitt er ein schmales, trapezfömiges Stück, das legte er der Länge nach zusammen und vernähte es an der Seite mit feinen Lederbändern. Nun nahm er den Haselstab, den er am Nachmittag am Waldrand abgebrochen hatte. Er hielt ihn von sich weg und begutachtete ihn. Es war ein schönes und geradegewachsenes Stück. Er legte ihn neben den Fellsack und schnitt ihn in dessen Länge ab. Sorgfältig entrindete und glättete er den Stab. Er arbeitete ihn in der Längsnaht des Köchers als Versteifung ein.

Die Geschichte war zu Ende, die Gefiederten hatten gesiegt, genauer gesagt, der Adler hatte gesiegt, er war der einzige Überlebende. Die Kinder schliefen, aus Mominas Hütte drang, vom heftigen Schneefall gedämpft, das ausgelassene Lachen der Frauen herüber. Hebor legte frische Holzprügel ins Feuer, und es qualmte so sehr, daß sie trotz der Kälte eine Weile die Tür offen ließen. Akum knüpfte seinem Köcher einen Tragriemen an, zum Schultern. Sie sprachen über die Größe des Adlers und ob sich dieser Vogel, wenn man ihn von klein auf habe, wohl zähmen ließe.

Dann kamen sie auf die Vorräte zu sprechen. Hebor äußerte den Verdacht, daß eine der Frauen stets die allgemeine Aufregung bei der

Rückkehr der Jäger nutze, um vor dem allgemeinen Teilen heimlich einen Fleischbrocken für sich abzuzweigen. Zu so einem Verstoß könne nur einer wie Möluk fähig sein, meinte Akum. Der andere wollte dazu nichts sagen und legte sich schlafen.

Akum nähte eine hübsch verzierte Verschlußklappe. Und innen, zum Schutz der empfindlichen Pfeilenden, noch eine Flügelklappe. So streift die Befiederung beim Herausziehen eines Pfeiles nicht an der Innenwand des Köchers und wird nicht beschädigt. Der Mann war zufrieden. Die Augen taten ihm weh, nicht nur, weil das Feuer immer schwächer geworden war, sondern auch, weil er mit seiner Arbeit immer näher gerückt und dem beißenden Rauch ausgesetzt war. Er hängte den Köcher zum Bogen und starrte noch eine Weile in die Glut. Heulte da ein Wolf in der Nähe? Nein, es war das Atmen des großen Hebor, der einen dieser seltsamen Pfeiflaute von sich gab.

V.

Die beliebteste Geschichtenerzählerin in Akums Dorf war die alte Momina, die vor Jahren mit ihrem einstigen Gefährten in den Sommermonaten als Händlerin in die großen Dörfer der Ebene gekommen war und auf diese Weise viel erfahren und gehört hatte. Sie hatte sogar Leute kennengelernt, die auf Schiffen über das große Wasser gefahren waren und die absonderlichsten Dinge von der Erde, den Menschen und den Tieren auf der anderen Seite berichteten.

Seit der erfolgreichen Bärenjagd wurde im Dorf viel über die Bären gesprochen, und so erzählte die alte Momina eines Abends die Geschichte, wie die Große Mutter dereinst die Lebewesen erschuf. Denn auf der Welt waren nur Erde, Wasser und Wind, und die Große Mutter fühlte sich sehr einsam. Da fing sie mit ihrem Mantel eine Wolke vom Himmel und zerbröselte sie, und daraus wuchsen die Blumen und die Bäume, von denen heute manche noch so aussehen wie ihre Mutter, die Wolke. Dann nahm sie von jedem Baum ein paar Blätter, warf sie in die Luft, daraus entstanden die Vögel. Dann holte sie einen Sonnenstrahl vom Himmel, zerrieb ihn zwischen den Händen und streute ihn ins Wasser, daraus wurden die Fische, die heute manchmal noch so funkeln wie ihre Mutter, die Sonne. Dann zerbrach sie einen Stab in größere und kleine Stücke, daraus wurden die größeren und kleineren Tiere des Waldes. Und dann nahm sie einen Strahl des Mondes und bog daraus die Hörner des Auerochsen und die Hörner des Steinbocks und das Geweih des Hirschen. Schließlich nahm sie einen großen Felsbrocken und erschuf daraus den Bären. Doch der Bär war so groß und stark, daß sie sich vor ihm fürchtete und floh. Seither versteckt sie sich in einer Höhle tief unter der Erde.

Die Geschichte war nicht neu, dennoch taten sich an diesem langen Winterabend viele Fragen auf. Waren sie nicht auch von der Großen Mutter erschaffen worden, aus roter Ackererde geformt? Hatte die Große Mutter die Menschen erschaffen, damit sie sie vor dem Bären schützen? War der Bär nicht selbst ein Gott, wenn sich die Große Mutter vor ihm fürchtete? Und hatte der alte Nehm-nehmharr in einem der Nachbardörfer nicht gehört, daß die Göttin keineswegs davongelaufen sei vor dem Bären, im Gegenteil: Sie habe sich sogar gepaart mit ihm, und aus dieser Verbindung sei der Mensch entstanden. Doch wenn der Mensch selbst ein Kind des Bären ist, darf er ihn dann überhaupt töten?

Die Momina sagte dies und der Nehm-nehmharr sagte das, und schließlich mußte jeder selbst entscheiden, was er von welcher Antwort zu halten habe.

VI.

Noch nie war der Bach so dick gefroren. Das Land zitterte vor Kälte. Den Tieren froren die Schwänze am Hintern fest. Selbst die Sonne war bleich und wie aus Eis, kaltherzig erledigte sie Tag für Tag ihren kurzen Bogen.

Akum hatte ein rechtes Winteraussehen angenommen. Wie zottige Schafswolle überwucherte ihm der Bart das Gesicht. Um essen zu können, mußte er ganze Büschel rings um seinen Mund beiseite schieben. Aber viel zu essen gab es ohnedies nicht. Besser gesagt: Die Vielfalt des Nahrungsangebotes schrumpfte mit der Fortdauer des Winters zunehmend, die getrockneten Früchte waren schon aufgebraucht, das Getreide zum Brotbacken wurde allmählich knapp, und das endlose Kauen am mitunter recht zähen Dörrfleisch war nicht gerade eine kulinarische Erfüllung.

Die Schafe und Ziegen gaben zunehmend weniger Milch, denn auch die getrockneten Gräser und Blätter gingen zur Neige und konnten nur noch in kleinen Tagesrationen verfüttert werden. Die Dorfbewohner überlegten, eines der Tiere zu schlachten, aber der alte Nehm-nehmharr meinte, man solle damit noch zuwarten.

So brachen drei Männer trotz der großen Kälte wieder zur Jagd auf. Ihr Ziel war der vereiste Bach am Fuß des Schafskopfs. Sie stapften eine Weile dahin, als wären sie die einzigen Wesen, die dieser Winter am Leben gelassen hatte. Berge und Bäume waren unter der weißen Schneelast wie versteinert. Am Ufer angekommen, gingen sie am dicken Eis bachaufwärts auf der Suche nach einer geeigneten Stelle.

Das erste Lebewesen, dem sie begegneten, war ein Seeadler. Er saß auf einem knorrigen Baumstamm und sah auch ein wenig wie übriggeblieben aus. Sie vertrieben ihn mit geschwungenen Speeren und lauten Rufen, bevor er ihnen eine saftige Beute wegschnappte. Wenig später entdeckten sie einen kleinen wendigen Fischotter. Das dunkel glänzende Tier eilte ein paar Meter vor ihnen das Bacheis hinauf und war ganz plötzlich verschwunden.

Im Näherkommen sahen und hörten sie den Grund bereits: eine eisfreie Stelle. Durch sie war der Fischotter ins Reich der Forellen abgetaucht. Sie war aber auch der Wintermund des Baches, durch das er die Kälte verspottete und wie zu allen Jahreszeiten fröhlich gurgelte und rauschte. Die Jäger stocherten eine Weile mit ihren Speeren im Bach, aber die Stelle schien ihnen schlecht geeignet. Sie suchten sich eine, wo der Bach ein ruhiges Becken bildete; dort bearbeitete Akum das Eis mit seiner Axt. Tausende kleine Risse breiteten sich auf der dunkelgrün schimmernden Eisfläche aus, ehe sie zerbrach. Lange und nahezu regungslos verharren sie am Loch, ehe sie blitzartig zustoßen. Wieder und wieder. Wieder und wieder verfehlen die Speere mit den doppelten Knochenspitzen die Bachforellen. Erst in der Dämmerung verlassen die erfolglosen Jäger den Ort.

VII.

Für jedes Ding gab es eine am besten geeignete Form und ein am besten geeignetes Material. Akum kannte die Eigenschaften der verschiedenen Hölzer und den richtigen Zeitpunkt der Bearbeitung. Er wußte, was in welcher Gegend wuchs und suchte gezielt danach. Ob in den Auwäldern des Talgrunds, in den Gehölzen der Hochebene, in den Hang- und Bergwäldern. Von der Ulme aus den tiefen Lagen bis zu Weiden aus dem Bereich über der Baumgrenze, alles fand seine bestimmte Verwendung.

Und so wie sich die Triebe des Wolligen Schneeballs und des Hartriegels ausgezeichnet für Pfeilschäfte eigneten, so war die elastische Eibe ein vorzügliches Bogenholz und die Esche der ideale Rohstoff für Schüsseln, Schalen und Werkzeugstiele, speziell für Dolchgriffe und Beilholme.

Aber nicht immer hat das am besten geeignete Material die ideale Form. Und umgekehrt. So war Akum zu Beginn des Winters auf einem Steilhang in der Nähe des Wolfgrabens auf eine junge Eibe gestoßen, die zwar für einen Bogenstab zu verwachsen war, aber einen interessanten Ast hatte. Ein starkes Exemplar, das beinahe im rechten Winkel herausstand – und sofort hatte Akum das Beil vor Augen. Esche hin, Esche her, er nahm also die Eibe mit, schnitzte aus dem Stammteil den Holm und aus dem Ast die Schäftungsvorrichtung für die Klinge. Nun fehlte nur noch die Klinge.

Die erste Schwierigkeit war das Schmelzen. Um die Kupfermineralien, jene grünen Malachitstückchen, die er bereits im Herbst am Ziegenberg von den Steinen geschabt hatte, und die erworbenen Stückchen reinen Kupfers in dem Keramiktiegel zum Schmelzen zu bringen, bedurfte es einer enormen Hitze. Zu diesem Zweck hatten sie zwei Blasebälge gebaut. Die bestanden jeweils aus einem Fellsack, zwei Holzbrettern, einer Schlaufe, einem Loch und einem in die Glut führenden Rohr. Während der junge Berul unablässig pumpte und die Hitze der Glut am Leben erhielt, behielt Akum das Kupfer im Auge. Sobald dieses geschmolzen war, folgte die zweite große Schwierigkeit: der Guß.

Das Keramikgefäß hatte ein Loch, dort steckte Akum den festen Holzprügel hinein und hob es so aus dem Feuer und mit einem einzigen Schwenk zur steinernen Gußform hinüber, wo er das Gefäß leicht kippte und das orange glühende Kupfer in einem Guß hineinschüttete. Warum das so schnell geschehen mußte, war am Ende dieses Akts zu erkennen: Das zuletzt über die Öffnung fließende Metall erstarrte sofort, in wenigen Momenten war das flüssige Orange ein hartes Dunkelbraun. Akum tränten die Augen von der Hitze. Daß der Kupferrohling gelungen war und keine gröberen Luftlöcher aufwies, konnte er erst später, beim Aufbinden und Öffnen der Steinformhälften, erkennen. Ansonsten hätten sie ihn wieder eingeschmolzen.

VIII.

Die Jäger befanden sich bereits auf dem Heimweg. Schweigend stapften sie dahin, in Gedanken versunken. Sie achteten nicht mehr darauf, keinen Lärm zu machen, und so erfüllte das Geräusch ihrer Schritte den Wald, das Knirschen des Schnees und das Knacken der Zweige. Plötzlich hob Akum den Kopf. Mit einer Handbewegung gebot er dem anderen, stehenzubleiben. Beide lauschten angespannt.

Dann spürten sie ein leichtes Beben unter ihren Füßen, das allmählich kräftiger wurde und von einem dumpfen gewaltigen Grollen begleitet war. Von einem Donner, der nicht vom Himmel kam, sondern direkt vor ihnen aus der Erde stieg. Kurz darauf prasselte Schneestaub auf sie nieder. Dann war es wieder still. Hebor sah sich die umliegenden Bäume an, wählte den höchsten, legte den Bogen zur Seite und kletterte hastig hinauf. Schon auf halber Höhe rief er laut und deutete Richtung Ziegenberg. In freudiger Aufregung machten sie sich auf den Weg dorthin.

Als sie sich den Schneemassen der abgegangenen Lawine näherten, verlangsamten sie ihre Schritte. Sie musterten die Umgebung. Sie achteten auf die Spuren im Schnee. Um diese Zeit hatten die männlichen Bären oft schon ihre Winterquartiere verlassen und suchten in den Lawinen nach Fallwild. Obwohl die Menschen das gleiche Interesse hatten, wollten sie dem Großen Bruder hier lieber nicht begegnen. Der Hang war steil, und wenn sich bei einer Begegnung kein geeigneter Weg zum Ausweichen zeigte, könnte es passieren, daß sie der Bär angriff oder über den Haufen rannte.

Doch diesmal hatten sie Glück. Weder trafen sie auf gefährliche Konkurrenz, noch stießen ihre Stecken auf falsche Beute, so daß sie ihre Kraft mit dem Ausgraben von Baumstämmen vergeudeten. Schon nach kurzem Absuchen der weißen Halde sahen sie die zwei riesengroßen, gebogenen und spitz zulaufenden Hörner aus dem Schnee ragen. Was für ein Fund! Auch als sie den Steinbock mit den Händen ausgruben, lachten und johlten sie noch.

Ein Triumphgeheul, das wieder anschwoll und sich mit den hellen Stimmen der Frauen und Kinder und mit den krächzenden der Alten vermischte und sich schließlich zu einem rhythmischen Gesang auswuchs, als sie mit der Beute im Dorf einzogen und von allen umtanzt wurden.

FRÜHLING

Frühling!
Die Schneefelder werden weich,
zerrinnen in unzählige kleine Bäche.
Alles regt sich, befreit sich, gewinnt neues Leben.
Selbst im Hochgebirge sind die Winde bereits milder.

In den Hochlagen des Gebirges ist der Winter mürbe geworden und zu Tausenden weiß-violetten Krokussen zerfallen.

Kaum sind die Wege zugänglich, zieht es Ötzi ins Gebirge. Er sucht die Lawinenkegel nach Fallwild ab. Er schaut nach, ob die Unterstände der Hirten und Händler dem Schnee standgehalten haben.

Balzzeit – Es sind die ersten schönen Tage des Jahres, und schon erklingen vom Wald her die seltsamen schnalzenden und schnappenden Kehlkopflaute des balzenden Auerhahns.

Heute trifft man das große und schwere Rauhfußhuhn nur noch selten an. Wohl ebenso selten wie die urwaldähnliche Umgebung mit Dickicht, Heide und Bächen, die der Auerhahn für seine Lebensweise benötigt.

Jedesmal, wenn der balzende Auerhahn für Momente ins selbstbetörende Schleifen verfällt, nähert sich Ötzi um zwei, drei Sprünge. Das Herausholen des Pfeiles aus dem Köcher und das Legen auf die Bogensehne geschehen dabei lautlos und fast wie von selbst. Endlich ist er in Schußweite!

Getroffen – Rauschend fällt der plumpe Vogel durch die Zweige.

Mit großer Behutsamkeit zieht Ötzi den Pfeil heraus – er will die kostbare Feuersteinspitze nicht abstreifen oder beschädigen.

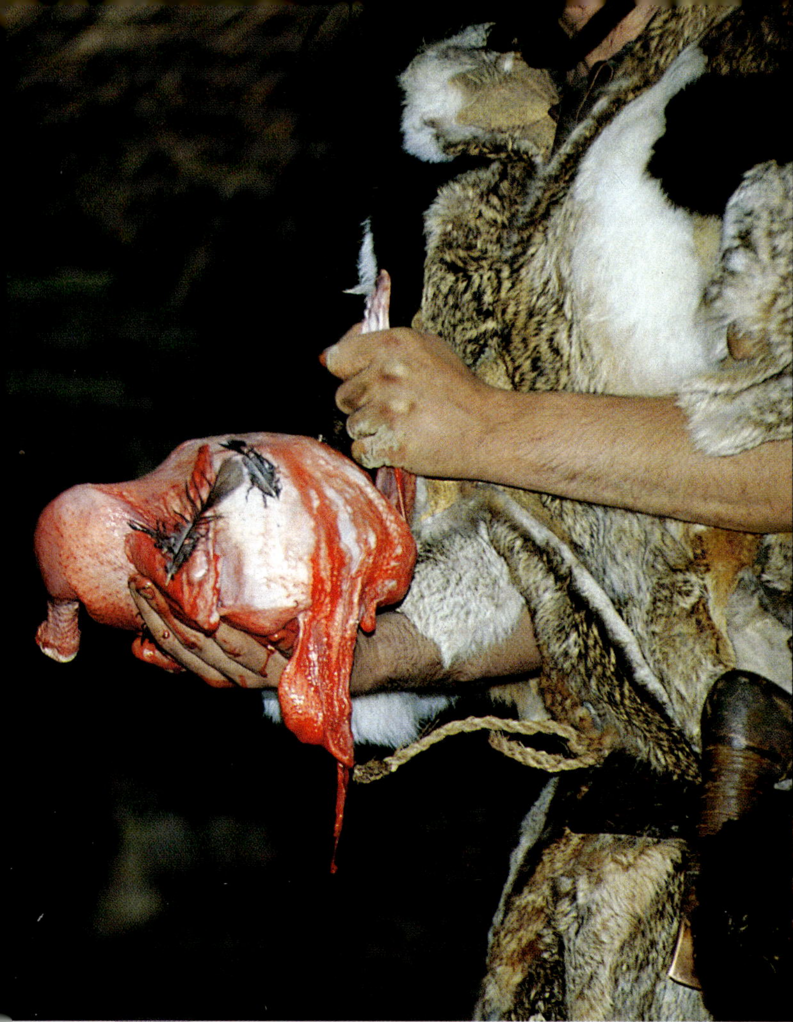

Der gerupfte Vogel wird in feuchten Lehm gepackt, ins Feuer gelegt und mit Glut überdeckt.
Das Fleisch ist auf diese Weise erst nach einer Stunde gar.

Der Boden ist angeschwollen vom tagelangen Frühlingsregen. Gelegentlich sträubt er sich, verbeißt sich im Holz, und die Arbeitenden an den beiden Enden geraten ins Schwanken.

Das Werkzeug ist einfach: Zwei ineinandergesteckte und mit einem Bolzen befestigte Baumstämme dienen als Pflug.

Jetzt ist es Zeit, das Saatgut aus der Vorratskammer zu holen.

Während des alpinen Neolithikums wurden vier Getreidesorten angebaut, und zwar drei Weizenarten, nämlich Einkorn, Nacktweizen und Emmer, sowie Gerste. Daneben wurden in der jüngeren Steinzeit auch Lein, Schlafmohn und Erbse angebaut.

Noch ein Ruck – dann bricht die Erde seufzend auseinander: in fette schwarze Brocken.

Das schlechte Saatgut wird aussortiert. Erbsen werden einzeln gesetzt, die Getreidesamen in die aufgeworfenen Ackerfurchen gestreut.

Für den jungen Waldkauz muß die Nahrung erst zerkleinert werden.

Die ersten Schritte der Tierzähmung beruhen nicht unbedingt auf dem Wunsch, die Nahrungsversorgung zu verbessern. Auch etliche spätere Nutztiere beginnen ihr Naheverhältnis zum Menschen als Spielkameraden.

Die Berührung verstärkt den Prozeß der Zähmung. Es sind in erster Linie die Kinder, die sich im Dorf um die jungen Tiere kümmern.

Das Schaf gehört zu den ältesten Haustieren des Menschen. Seine Domestikation geschah etwa vor 10.000 Jahren.

Die Alpentäler sind dicht bewaldet, Rodungen mit Kupferbeilen ein mühseliges Unterfangen.
So treiben die Hirten ihre Kleinviehherde im Frühjahr auf die Grasflächen jenseits der Baumgrenze.
Die Hochweiden des hinteren Ötztals wurden nachweislich schon Jahrhunderte vor Ötzis Zeit genutzt.

Mit vollbepackter Rückentrage, Birkenrindengefäßen mit Glut zum Feuermachen und seinen Waffen ist Ötzi als Hirte aufgestiegen.

Zur Zeit des Almauftriebes werden die Almen zu farbenfrohen Blumenwiesen.

Das war nicht immer so.
Etwa für das 4. Jahrtausend v. Chr. ist ein Vegetationswechsel von Zwergstrauchheiden zu kraut- und blumenreichen Rasen durch die Untersuchung von Pollenprofilen in der Nähe des Hauslabjoches nachgewiesen. Das deutet auf Hochweidennutzung und damit menschlichen Einfluß hin.

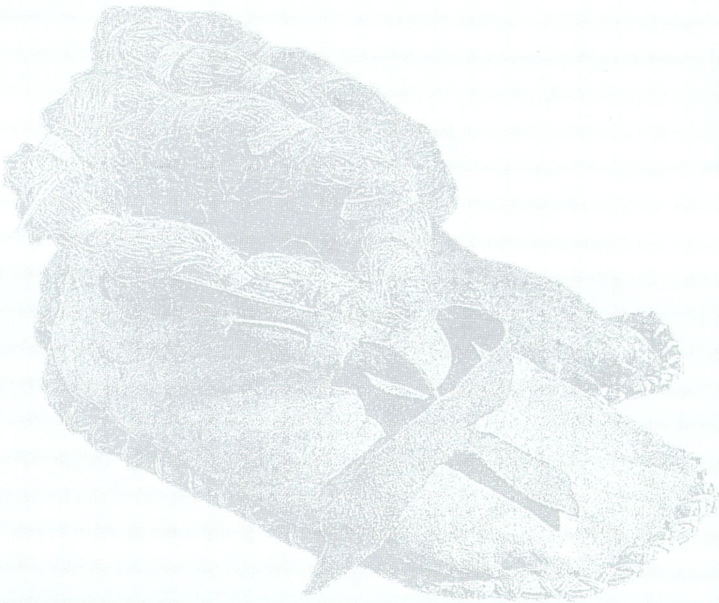

Der Wunsch nach abwechslungsreicher Nahrung läßt Ötzi am Schilfgürtel entlangwaten.
Der brütende Haubentaucher richtet die Kopffedern auf, stößt Warnrufe aus und taucht davon.
Eier sind für Ötzi eine seltene Delikatesse.

Der Haubentaucher gehört zur Familie der Lappentaucher, von der noch drei weitere Vertreter in Mitteleuropa heimisch sind.

Spätfrühling. Die Tage sind warm, alles gedeiht, die Pflanzen kommen ins Gedränge.
Der Lein steht in voller blauer Blüte. Seine Samen werden gegessen, seine Stengelfasern zu reißfesten Schnüren verarbeitet.

Auch kranke, abgestorbene Bäume sind für die Menschen der Jungsteinzeit von Bedeutung. Nicht die Bäume selbst interessieren sie, sondern der Parasit an ihren Stämmen, der braune Zunderschwamm.
In getrockneter Form eignet er sich gut zum Feuermachen. Die Funken von Pyrit und Feuerstein bringen ihn leicht zum Glimmen.

Dem heute beinahe ausgestorbenen Frauenschuh begegnete man zu Ötzis Zeit in den dafür günstigen Lagen noch auf Schritt und Tritt.

I.

Allmählich wurde es warm. Der Winter wurde morsch wie ein abgestorbener Baum, brach da und dort auseinander. Die Schneefelder in den Südlagen zerrannen in unzählige kleine Bäche. Ein fröhliches Gurgeln und Glucksen umspielte das Dorf, bis ihm die Nachtkälte Einhalt gebot.

Seit Tagen studierte die alte Momina die Wolkenformationen. Zwei, drei Nächte noch, sagte sie.

Die zweite Nacht brachte den Umschwung. Ein warmer Sturm ließ die Berge erschauern. Dann kam der Regen. Zwei Tage und zwei Nächte lang goß es in Strömen. Die Wassermassen schoben den Schnee weg und sprengten das Eis auf den Bächen, und als am dritten Morgen wieder die Sonne aufging, war es Frühling.

Alles regte sich, funkelte, gewann neues Leben. Der Wind massierte die Starre aus den Wäldern und Wiesen. Die Bäume tanzten.

Auch ins Dorf kam wieder Bewegung. Die einen erneuerten die Abflußgräben rund um die Siedlung, die anderen stülpten das Innere ihrer Hütten nach außen, trugen Felle und Stroh ins Freie. Manche saßen nur da und hielten ihr Gesicht in die wärmende Sonne oder genossen es, mit den befreiten Zehen im Gras zu spielen.

II.

Es war Frühling, und Akum war nicht mehr zu halten. Jeden Tag zog er los. Jeder Rundgang führte ihn etwas weiter als der vom Vortag. Er beobachtete die ersten Insekten. Er naschte von den Pollen der Palmkätzchen und der Hasel. Er erneuerte die vom Winter zerstörten Schlagfallen. Stundenlang lauerte er Mäusen auf, um Köder für die Fallen zu haben. Einmal kam ihm dabei eine Schlange zuvor. Es war eine Aspisviper, die giftigste Schlange dieser Gegend, und so war Akum froh, daß er ihr nicht die Beute weggeschnappt hatte und sich so vor ihrer Rache fürchten mußte.

Am nächsten Tag holte er zwei Steinmarder und einen Baummarder aus den Schlagfallen – die erste Beute seit langem. Er freute sich. Die Geister des Waldes waren ihm wohlgesonnen.

Kaum waren die Pässe halbwegs zugänglich, zog es Akum ins Gebirge. Er suchte die Lawinenhänge nach Fallwild ab. Er überprüfte, ob die Unterstände der Hirten und Händler dem Schnee standgehalten hatten.

Seit jeher verlief hier der Weg, der die großen Siedlungen im Süden mit den Dörfern in den Nordtälern verband. Die Händler aus dem Norden brachten Häute, Felle, Honig und Bernstein. Die aus dem Süden hatten exotische Früchte, Feuerstein, Kupfer und Muscheln vom Großen Wasser zum Tausch in ihren Rückentragen.

Akum hielt oft stundenlang Ausschau, um einem der Händler zu begegnen. Es ging ihm dabei nicht unbedingt um einen Tausch. Er liebte es, sich mit Menschen zu unterhalten, die eine ganz andere Sprache sprachen. Stundenlang hätte er auf Dinge zeigen und die fremde Bezeichnung dafür hören mögen, aber die Händler hatten nicht so viel Zeit. Selten, daß sich einer von ihnen ins Dorf einladen ließ.

Für die Händler war es zu früh, dennoch war Akum nicht allein in den Hochlagen. Auf südseitigen Wiesen war der Schnee zu Tausenden weiß-violetten Krokussen zerfallen. Alpendohlen und Alpenkrähen stakten ohne Scheu neben ihm durchs Blumenmeer.

Ohne zu rasten, stieg Akum auf die Höhe. Erst am Bergkamm hielt er inne. Lange ließ er seinen Blick kreisen wie ein Adler, suchte die noch schneebedeckten Gipfel ringsum ab und die dunklen geheimnisvollen Täler dazwischen. Die Berge standen so da wie vor dem Winter, und doch versuchte er zu entdecken, was sich verändert haben könnte.

Dann blickte er lange in jenes dunstige Blau dahinter. Gelegentlich glaubte er, die Große Ebene oder sogar das Große Wasser zu erspähen. Daß dort Menschen allein vom Fischfang lebten, wie die Momina erzählte, fand er unwahrscheinlich. Er dachte an die Bachforellen und an den kläglichen Mißerfolg bei beim letzten Versuch, eine zu fangen. Nein, wenn sie von den Fischen leben müßten, wären sie schon längst alle verhungert.

III.

Schon von weitem hörte er die seltsamen Laute. Er erkannte sie wieder. Es waren die schnalzenden und schnappenden Kehlkopflaute des Auerhahns, der damit in den ersten warmen Tagen des Jahres die Hennen anlocken und bezaubern wollte. Ob Hennen seinem Ruf folgten, konnte Akum nicht erkennen. Er jedenfalls nützte die Gelegenheit. Behende, aber doch leise näherte er sich dem Schnalzen des scheuen und außerhalb der Balzzeit nur schwer aufzuspürenden Waldvogels, bis er nur noch wenige Bäume vom balzenden Tier entfernt war.

Akum hält inne und greift nach hinten. Er legt einen Pfeil in die Bogensehne. Einen Moment lang ist es still, dann legt der Hahn wieder los. Es ist erst kurz nach Sonnenaufgang, Akum hat sich auf dem Weg zum Bergkamm befunden, aber das ist bereits vergessen. Er ist auf der Jagd, sein Herz pocht laut, er bewegt sich wie in Trance. Er blickt unablässig in die Richtung der Balzlaute. Um den Hahn zu sehen, ist es noch zu dunkel zwischen den Bäumen. Es ist eine merkwürdige Sache: Er sieht ihn nicht, und trotzdem wagt er es nicht mehr, den Blick abzuwenden. Immer schneller folgen die schnalzenden Laute aufeinander und gehen schließlich in ein zischendes Schleifen über. Beim Schleifen versetzt sich der Hahn selbst derart in Verzückung, daß er für die Vorgänge in seiner Umgebung blind und taub wird. Akum nähert sich dennoch mit größter Vorsicht. Sobald der balzende Auerhahn für Momente ins selbstbetörende Schleifen verfällt, wagt er sich zwei, drei Sprünge weiter.

Ist es dieser dunkle Fleck an der alten Lärche dort vorne? Er hält das Warten zwischen den Sprungphasen kaum aus. Aber er weiß, eine voreilige Bewegung – und sogar ein balzender Hahn sucht das Weite.

Endlich sieht er ihn. Er ist in Schußweite. Rauschend fällt der große, schwere Vogel durch die Zweige. Der Balztanz hat ein jähes Ende gefunden.

Die gerade gewachsenen Schwanzfedern des Auerhahns eigneten sich gut für die Befiederung der Pfeilschäfte. Krallen und Schnabel dienten zur Herstellung von Schmuckstücken und Kultgegenständen.

Den gerupften Vogel packte Akum in feuchten Lehm ein, legte ihn ins Feuer und überdeckte ihn mit Glut. Nach einer Stunde war der zähe Hahn gar. Der Abend kam sanft daher wie auf Luchspfoten, und die Dorfbewohner versammelten sich zum ersten Mal wieder um das große Lagerfeuer in der Dorfmitte. Die Hände der Trommler hüpften hier schneller und lauter. Und die Geschichten, die an den langen Winterabenden die Probe beim Hüttenfeuer bestanden hatten, erblühten nun in der großen Runde zu neuem Leben.

IV.

Jeder im Dorf, vom Greis bis zum Kind, trug seinen Teil zur Verrichtung der täglichen Arbeit bei. Jeder beherrschte auch alle notwendigen Fähigkeiten und Fertigkeiten, konnte jagen, sammeln, das Feld bestellen, das Vieh versorgen, ein Haus bauen, die Kleidung nähen, die Nahrung zubereiten, töpfern, Werkzeuge herstellen, Feuer machen. Der eine konnte das besser, die andere jenes. So zum Beispiel beherrschte niemand die Kunst des Flechtens so gut wie die alte Momina, und niemand fertigte so gerade und scharfe Pfeilspitzen wie der große Hebor.

Und waren es hauptsächlich die Männer, die auf die Jagd und zum Fischen gingen, wurde die Pflanzenwelt eine Domäne der Frauen, zum einen das Sammeln von Beeren, Wurzeln, Blättern, Kräutern und Heilpflanzen, zum andern das Anlegen und Pflegen des Gartens mit seinen Nährpflanzen, Kräutern und

Blumen, wobei auch so manche Nutzpflanze, wie der Kürbis oder die wilde Erbse, zuerst ihrer leuchtenden Blüte wegen kultiviert wurde. Im Ackerbau jedoch bedurfte es der Kräfte und des Einsatzes aller Dorfbewohner.

Der lange Frühlingsregen war vorüber, und Momina und der Mond bestimmten, daß die Zeit für die Aussaat gekommen war. Die Frauen und Mädchen holten das Saatgut aus der Vorratskammer und sortierten die schlecht gewordenen Körner aus. Die Männer holten den Pflug aus dem Teich, wo er drei Tage lang im Wasser gelegen war, damit die zwei ineinander gesteckten und nur mit einem Bolzen befestigten Baumstämme besser zusammenhielten.

Der Nebel zog ins Hochtal, zerspritzte im Geäst der Bäume und sammelte sich an den Berghängen, staute sich, hüllte das Dorf in ein feuchtes, triefendes Geisterfell. Momina zerrieb Palmkätzchen über der Ackererde, um die Schmerzen des Pflügens zu lindern. Nehmnehmharr streute Knochenmehl vom Steinbock aus, um die Feldfrüchte vor Unwettern zu schützen. Dann konnte es losgehen.

Mit dem Pflug, mit Astgabeln und Hirschgeweihen lockerten die Männer und Frauen den vom Regen angeschwollenen Boden. Gelegentlich sträubte sich die Erde, verbiß sich im Holz, und die Arbeitenden an den beiden Enden des Pfluges gerieten ins Schwanken. Noch ein Ruck, dann brach die Erde seufzend auseinander in fette schwarze Brocken. Ein Mädchen ging hinter dem Pflug her und säte Einkorn, Emmer und Mohn. Auf einem anderen Feld setzte eine Frau Erbsen, Linsen und Lein an.

V.

Die Kinder halfen, wo sie konnten. Die Kinder hatten aber auch ihr eigenes kleines Feld, die Erwachsenen halfen ihnen nur beim Pflügen. Doch von allen Tätigkeiten, wobei sie zwischen Arbeit und Spiel nicht unterschieden, war den Kindern das Hüten und Versorgen der Tiere die liebste. Sie kümmerten sich darum, daß die Ziegen und Schafe im Winter gefüttert wurden. Und sie trieben die Schweine vor dem Schlachten im Herbst zur Eichel- und Eckernmast in die Wälder. Und sie brachten aus dem Wald so manches Jungtier mit, welches sie mit viel Liebe großzogen.

Zur Zeit hatten die Kleinen ein Rehkitz, eine junge Nebelkrähe und ein Waldkäuzchen in ihrer Obhut, und eine ihrer Hauptbeschäftigungen war das Auflauern und Fangen von Mäusen, die sie dann zerkleinerten und den Vögeln fütterten.

Bevor ein Junge mit der Herde auf die Alm mitkommen, die Männer auf der Jagd begleiten oder einen der Kultplätze aufsuchen durfte, mußte er erst seinen Waldsommer hinter sich gebracht haben. Wenn ein Halbwüchsiger glaubte, er schaffe es, und die Erwachsenen zustimmten, zog er los, um die Sprache des Waldes zu lernen. Das hieß, daß er einen Sommer lang ganz alleine in den Wäldern draußen verbrachte. Nur mit Dolch, Pfeil und Bogen bewaffnet. Nur mit den Utensilien zum Feuermachen und den Ratschlägen der Alten ausgerüstet und von einem Amulett aus Steinbockhorn gegen böse Geister und Moor-Ungeheuer beschützt. Es ging bei dieser Bewährungsprobe nicht darum, mit großen Jagdtrophäen wiederzukehren, sondern mit Wissen. Mit dem Wissen um das Verhalten der Pflanzen und der Tiere. Mit dem Wissen, wie man auf einem Baum schläft. Mit dem Wissen, wie man in der Nacht seinen Weg findet. Wie man Ameisen gegen Hautparasiten einsetzt. Wie man die Eier des Haubentauchers findet. Wie man sein Gewand flickt. Wie man die Angst besiegt.

Zweimal war es in den letzten Jahren vorgekommen, daß ein Junge nicht heimgekehrt war.

Einer hatte sich weniger an der Sprache des Waldes interessiert gezeigt als an einem der schönen Mädchen aus dem großen Flußdorf – er lebte seither dort.

Ein anderer war nie mehr gesehen worden. Er dürfte irgendwo abgestürzt oder von einem Raubtier gefressen worden sein. Nur seine Mutter glaubte, er sei ein Wilder Mann geworden und hause weiterhin in einer Waldhöhle und werde sich eines Tages in einen Bären verwandeln.

VI.

Auch Akum hatte die Sprache des Waldes gelernt. Aber während Nehm-nehmharr, der Schamane, einen Weg gefunden hatte, mit den Pflanzen und den Tieren und sogar mit den Geistern zu sprechen, sprach Akum nur zu den Bäumen.

Er tätschelte ihren Stamm, um sie zu begrüßen. Er hatte Lieblingsbäume, für die er stets aufmunternde Worte fand. Zum Beispiel die schwarze Lärche am Rand der Gemsenhöhe. Sie war vor Jahren vom Blitz getroffen worden und beinahe zur Gänze abgebrannt. Es blieb dann doch ein mannshoher, teilweise verkohlter Stamm übrig, der dort auf der Höhe wie ein mahnender spitzer Finger des Donnergotts stand. Und dann, vor zwei Frühlingen, erwachte der Baum wieder zum Leben und trieb vereinzelte Zweige, trug Nadeln und zog sich die Bewunderung von Akum zu.

Wenn er in der Nähe war, machte er stets einen Abstecher und verweilte einige Zeit bei der schwarzen Lärche. In diesem Frühjahr war er oft in der Nähe. Er lehnte am verkohlten Teil des Stammes und sprach über sich und die Ereignisse im Dorf. Er klagte über seine Schmerzen. Obwohl ihn Nehm-nehmharr regelmäßig an den tätowierten Punkten mit Knochenspitzen behandelte, tat ihm immer wieder der Rücken weh, und das unangenehme Stechen und Ziehen in den Beinen verschwand nur für kurze Zeit.

Beim Pflügen zum Beispiel hatte er so starke Schmerzen, daß er es Möluk überlassen mußte, den Pflug an seiner Stelle durch die Erde zu ziehen. Ausgerechnet Möluk. Der ihn beinahe zu Boden stieß, als er das Pflugholz übernahm. Der ihn wie schon im Herbst, wo er nur konnte, mit Spott bedachte. Der sich bei den Frauen wichtig machte. Der mit Ma´-öma scherzte. Der dem alten Nehm-nehmharr schöntat, ihm besondere Fundstücke von seinen Jagdausflügen mitbrachte, glänzende Steine, schöne Federn, geheimnisvoll geformte Wurzeln.

Die Lärche mußte sich so manche Beschwerden über den jungen Rivalen anhören. Akum war verunsichert. Er hatte manchmal das Gefühl, als würden ihm in den Nächten von einem bösen Geist Stück für Stück die Knochen aus dem Körper gestohlen, so daß er jeden Tag etwas mehr Kraft brauchte, um seinen Körper aufrecht zu halten. Er war unruhig. Diesen Sommer war er wieder an der Reihe, mit den Schafen und Ziegen auf die Hochweiden zu ziehen, und er wußte nicht, ob es gut war, wenn er dem Dorf so lange fern blieb. Außerdem war sein Begleiter zum ersten Mal als Hirte mit dabei, und er mußte erst sehen, wie sehr er sich auf den Jungen verlassen konnte.

VII.

Der Almauftrieb stand bevor, und Akum machte sich daran, seine Ausrüstung in Ordnung zu bringen. Fellmantel und Schuhe mußten geflickt werden. Und bevor er seine alte Rückentrage reparierte, fertigte er gleich eine neue an.

Über die Generationen und über wer weiß wie viele Versuche hinweg hatte sich in ihrem Stamm eine Rückentrage entwickelt, wie sie den Anforderungen nicht besser entsprechen konnte. Dazu nahm er einen biegsamen Haselstock, den er ein paar Tage lang in einem Wasserloch liegen ließ und ihn dann über dem Knie zu einem U formte. Dann nahm er Brettchen, so lang wie sein Unterarm. Länger durften sie nicht sein, denn dann stünde die Trage auf den Seiten hinter seinem Rücken hervor, bliebe im Wald an Gestrüpp und Zweigen hängen oder würde sich auf manchen schmalen Bergpfaden in einem Felsvorsprung verkeilen.

Die Brettchen hatte er von jener großen Linde über dem Wassersprung, die der Sturm letzten Herbst umgerissen hatte. So gewaltig hatte er mit seinen Luftpranken hingelangt, daß es den dicken Stamm gleichsam aus seinen Jahresringen herausgedreht hatte, und aus dem festverwachsenen Wurzelstock ragten lange, flache und nach oben meist spitz zulaufende Scheite und Späne. Der Sturm hatte ihm zugearbeitet, und Akum blieb nur das Zurechtschneiden auf die richtige Länge und das Schnitzen der Kerben. Die Bretter und der u-förmige Haselstock wurden mit Schnüren zusammengehalten.

Das Herstellen der Schnüre überließ er Asula. Sie hatte kräftige, aber doch viel feinere Finger als er, und wenn sie zwei gedrillte Grasstränge in S-Drehung zwirnte, löste sich diese Schnur so schnell nicht mehr auf.

An einem anderen Tag ging er mit dem jungen Berul, der ihn auf die Alm begleiten sollte, in den Wald. Sie kamen mit einem dicken Bündel von geraden Zweigen und einigen Rindenstreifen zurück.

Die Zweige waren Triebe des Wolligen Schneeballs und für Pfeilschäfte gedacht. Die Rinden waren rechteckig geschnittene Bahnen aus Birkenrinde. In die Schmalseiten und die untere Langseite bohrten sie in kurzen Abständen Löcher. Dann bogen sie die Rinde zu einem hohlen Stamm und vernähten die sich ein wenig überlappenden Schmalseiten. Aus einem anderen Rindenstück schnitten sie ein Oval aus, welches sie als Boden an die untere Seite nähten. Vier derartige Birkenrindengefäße stellten sie her. Sie würden sie brauchen, um die Holzkohlenglut von Lager zu Lager zu transportieren.

Die Bearbeitung der Pfeilschäfte verschoben sie auf die mitunter langen Tage am Berg.

VIII.

Mehr als die Hütten und die gemeinschaftlichen Felder gaben die verschiedenen Riten und Feste den Dorfbewohnern Sicherheit und Zusammenhalt. Von großer Wichtigkeit waren sie vor allem in Zeiten der Veränderung, beim Wechsel der Jahreszeiten oder bei den Übergängen zwischen den verschiedenen Lebensphasen wie Geburt, Kindheit, Pubertät, Erwachsensein und Tod. Aber auch die lebenswichtigen Aktivitäten wie Jagd oder Aussaat und Ernte mußten durch rituelle Handlungen und Zauberworte des Schamanen in die erwünschten Bahnen gelenkt werden.

Auch der Almauftrieb am Ende des Frühjahrs war so ein Ereignis, das im Einklang mit den Geistern geschehen mußte und besonderer magischer Vorkehrungen bedurfte. Jedes einzelne Schaf und jede einzelne Ziege wurden einer rituellen Reinigung unterzogen und mit Unterstützung diverser Knochen, Zweige und Formeln mit einem Schutz vor Wolf, Adler, Schneesturm und Blitzschlag versehen. Auch die beiden Hirten wurden in diesem Ritual mit einem besonderen Schutz und unterstützenden Kräften bedacht. Und das konnten sie gut brauchen.

Zu den Hochweiden des Ötztals stand ein mehrtägiger Marsch über den Alpenhauptkamm bevor. Der führte sie teils auf steilen, steinigen Pfaden, wo die Gefahr bestand, daß die Tiere abstürzten. Teils führte er sie über Schneefelder. Bei starker Sonneneinstrahlung war das beschwerlich, da Tier und Mensch bei jedem Schritt tief einsanken. Bei einem Schlechtwettereinbruch mit Schnee und Sturm konnten die Abschnitte aber für Herde und Hirten zur tödlichen Gefahr werden.

Kein Wunder also, daß Akum am Morgen vor dem Almauftrieb mit der alten Momina lange das Treiben der Wolken, dieser mitunter gar nicht sanften Himmelschafe, beobachtete.

Schließlich wickelten sie glühende Holzkohle in Ahornblätter und steckten sie vorsichtig in zwei der Birkenrindengefäße. So würden sie bei ihrem nächsten Lagerplatz bequem ein neues Feuer entfachen. Die Behälter banden sie an ihren vollbepackten Rückentragen fest. Dann öffneten sie die Koppeln. Akum kam mit den Ziegen von der einen Seite, Berul mit den Schafen von der anderen Seite. Dort, wo das Dorf endete und der Wald begann, vereinten sich die Herden und Hirten und machten sich auf den Weg in die Berge.

SOMMER

Die Luft ist voller Gerüche und Geräusche. Alles entfaltet sich. Über der Baumgrenze stehen die Wiesenmatten in voller Blüte.
Auch der giftige blaue Eisenhut.

Die Tage sind lang.
Es ist, als würden Morgenlicht und Abendsonne die Bergwelt neu erschaffen.

In dieser Zeit löst sich die Basthaut vom alljährlich gänzlich nachwachsenden Geweih der Rothirsche.

Bei Sonnenaufgang beginnen die Steinböcke weidend aufwärts zu klettern.
Auch die Gemsen halten sich jetzt oberhalb der Baumgrenze auf.
Ein Murmeltier stößt einen Warnpfiff aus, schon verschwinden alle in ihre Löcher.

Drei Bewohner des Südalpenraumes:
Die Smaragdeidechse, deren Männchen eine auffällige smaragdgrüne Körperfärbung mit blauer Kehlregion aufweist. Die Tiere können ca. 40 cm lang werden.
Der etwa 4 cm lange Europäische oder Deutsche Skorpion kommt in klimatisch günstigen Lagen nicht selten vor. Am ehesten findet man das nachtaktive Tier an spärlich bewachsenen Geröllhalden der Südalpen.
Der mächtige Gänsegeier ist auch heute noch in trockenen Gebirgen der Alpen mit steilen Abhängen und tiefen Schluchten in den Aufwinden kreisend zu beobachten.

I m Sommer können auch Pässe in über 3000 m Seehöhe überquert werden.

Untersuchungen der Pollenablagerungen aus unterschiedlichen Höhenlagen des Ötztales zeigen, daß die wirtschaftliche Erschließung der dortigen Tallandschaft von oben nach unten, also vom Berg herab stattfand.
Das heißt, daß die sogenannte Transhumance vom heutigen Südtirol aus über den Alpenkamm nach Norden hinab erfolgte.

Jetzt ist die beste Zeit zum Fischfang. Die drei Jäger folgen dem Bach zu jener Stelle, wo er in einen ausgespülten Kessel springt.

Die nicht leicht zu entdeckende Bachforelle hält sich gerne im Schatten der Uferböschung oder in einer Steinhöhle auf.

Die Jagd mit der Harpune erfordert viel Geduld und Geschick. Die Männer müssen regungslos in der Strömung oder am Ufer stehen, die Gestalt des Fisches aus dem immer bewegten Wasser herauslesen und dann blitzartig und gezielt zustoßen.

Eine zappelnde Forelle nach der anderen wird an die Luft geholt. Die Fische werden an einer entrindeten Weidenrute aufgefädelt. Eine Transportmethode, welche die Zeiten überdauert hat.

Eine Hand voll Roter Waldameisen für Haut und Haar.

Mit der Säure der stachellosen „Formica rufa“ bekämpft Ötzi Zecken, Läuse, Hautpilze und andere Parasiten.

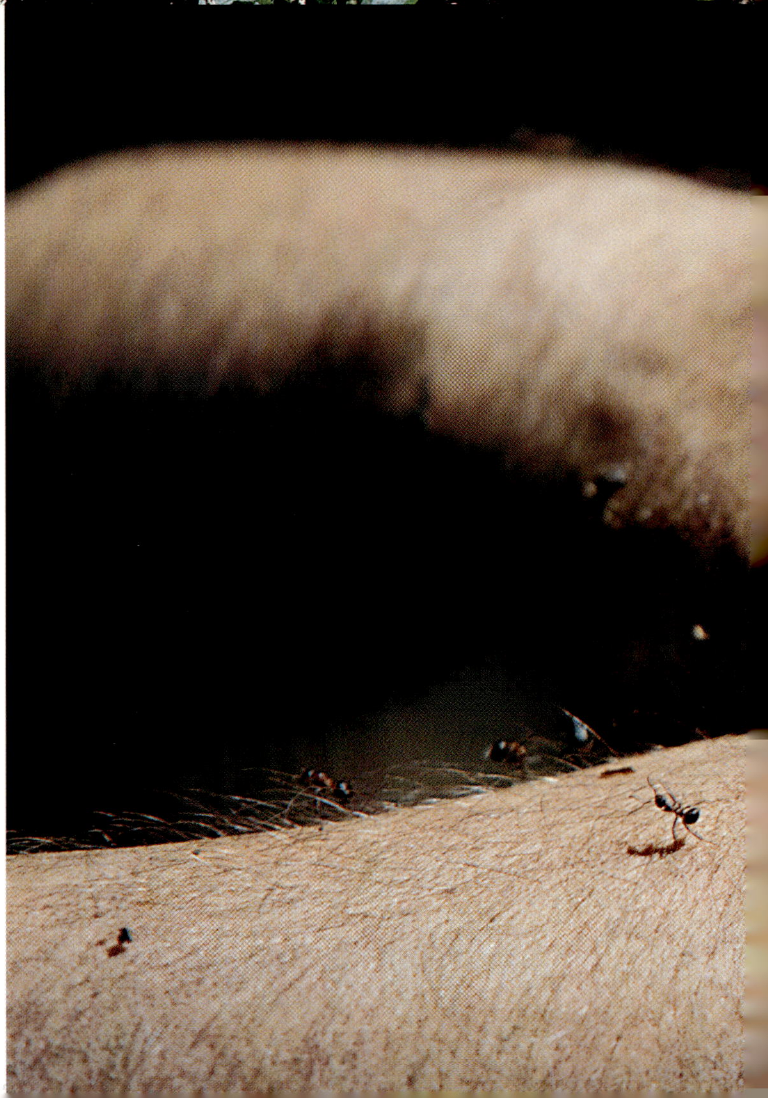

Die Kinder bemerken den Bären zuerst. Die überraschten Dorfbewohner flüchten. Der Bär geht seiner Nase nach. Gerüche von Fleisch und Früchten haben ihn ins Dorf gelockt.

Der hungrige Braunbär öffnet sogar Hüttentüren.
Ein erfahrener Alter verscheucht den Eindringling beherzt mit Schreien und einem brennenden Holzstock.

Ungewöhnliche Kirschenernte. Ein abgebrochener Ast voll mit Früchten wird kurzerhand ins Dorf geschleppt.

Die Sammelwirtschaft ergänzt den Ackerbau. Brombeeren, Himbeeren, Hagebutte, Holunder und Schlehe sorgen für saisonale Abwechslung.

Gute Zeiten im Dorf.
Die Vielfalt und Fülle zur Früchtezeit bietet allen Generationen willkommene und süße Nahrung.
Säuglinge profitieren natürlich von dem guten Ernährungszustand ihrer Mütter.

Auch die Aufbewahrung und Zubereitung der Nahrungsmittel werden Gegenstand des Denkens und der Kunst: Mit den Tongefäßen werden auch Kochen und Backen möglich.

Funde aus der Jungsteinzeit werden in der Regel aufgrund der Keramik einer bestimmten Kulturgruppe und Epoche zugeordnet.

Keramische Gefäße, Töpfe, Krüge, Kannen, Schüsseln, Teller und Schalen unterliegen in ihren Ausformungen und Verzierungen raschen Modewechseln in Zeit und Raum. Das war im Neolithikum nicht anders, als es in unserer Zeit ist. Keramik läßt sich mit einfachen Mitteln fast überall vor Ort herstellen, jedoch wegen ihrer Zerbrechlichkeit nicht über lange Strecken transportieren. Bei der Mumie vom Hauslabjoch fand man daher leider keinerlei Keramik.

Erntezeit. Für das Schneiden des Getreides werden Sicheln mit eingesetzten Feuersteinlamellen verwendet.

Auf einer Feuersteinklinge, die Ötzi mit sich trug, ist Sichelglanz zu sehen. Diese feine Abnutzung entsteht, wenn kieselsäurehaltige Pflanzenhalme, wie die von Getreide, geschnitten werden. Mit den ebenfalls in seiner Kleidung gefundenen Körnern und Spelzen vom Einkorn ergibt sich die Schlußfolgerung: Er müßte im letzten Jahr vor seinem Tode bei der Ernte mitgeholfen haben.

Drei Weizenarten wurden im Neolithikum bereits kultiviert. Diese lieferten Brotgetreide, während die ebenfalls kultivierte Gerste eher als Grütze und als Einlage in Eintopfgerichten verzehrt wurde. Für die Versorgung der jungsteinzeitlichen Bevölkerung bildete Getreide bald den wichtigsten Kohlehydratlieferanten.

Die Ernte- und Dreschzeit fordert den vollen Einsatz der arbeitsfähigen Dorfbevölkerung.
Das Getreide wird im Spätsommer geerntet, dann gedroschen und geworfelt und schließlich gelagert oder gleich weiterverarbeitet.
Das Schnalstal in Südtirol, unweit der Fundstelle und sicher Teil des Lebensraumes von Ötzi, war bis zu Beginn dieses Jahrhunderts das höchstgelegene Getreideanbaugebiet Europas.

Nach einer Periode heftiger Unwetter sind die Spannung und Angst vor Unheil im Dorf auf ihrem Höhepunkt.

Die beiden Jagdgefährten werden zu erbitterten Gegnern. Geht es nur um den wertvollen Bogen? Oder geht es auch um die Rangordnung im Dorf?

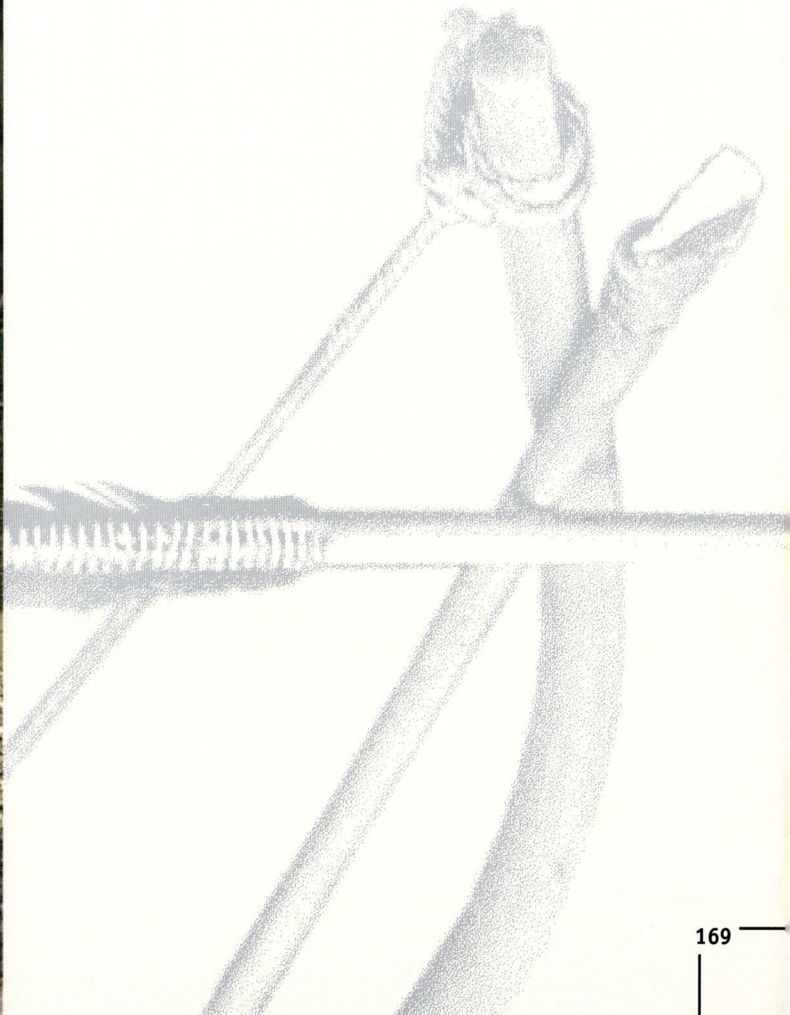

Neolithische Aggression! Es geht nicht mehr nur ums Rechthaben und um Besitz. Schon wird der Streit mit den Händen ausgetragen, schon schwingen diese Hände dicke Holzprügel.

Tage oder Wochen vor seinem Tod hat der Mann vom Hauslabjoch einen Serienrippenbruch erlitten, der nicht mehr verheilt ist.

Der Schwerverletzte packt in aller Eile seine Sachen. Den guten Bogen und seinen Platz in der Dorfgemeinschaft verloren, zieht er los und verläßt das Dorf für immer.
Ötzi geht den ihm bekannten Weg in Richtung Ötztal.
Auf seinem Weg findet er Eibenholz für einen neuen Bogen und Holz für neue Pfeilschäfte.

Ötzi braucht dringend neue Waffen. Er hat nur mehr zwei Pfeile im Köcher. Und die sind gebrochen.

Er findet Zuflucht unter einem Felsüberhang. Dort hat er als Hirte schon oft sein Lager aufgeschlagen. Die Verletzungen und Hunger setzen dem Mann stark zu. Dennoch schnitzt er weiter an seinem Bogenstab, bearbeitet zwölf Triebe des Wolligen Schneeballs zu Pfeilschäften.

Ötzi erreicht den Bergkamm, das heutige Hauslabjoch.

Der Mann vom Hauslabjoch ist am Ende. Stark abgemagert, mit unverheilten Rippenbrüchen, erschöpft und frierend findet er die Felsrinne.

Dort bleibt er.

Tödliche Erschöpfung.
Er will nur ausruhen.
Er schläft ein.
Für immer ...

I.

Akum legte zwei Finger unter die Zunge und pfiff. Die Antwort kam von oben. Berul saß auf jenem Felsen, den sie Bärentatze nannten, und blickte in die Ferne. Die Morgenstimmung beeindruckte ihn. Die Täler ringsum waren vom Hochnebel verdeckt. Nur die Gipfel ragten heraus, kleine Inseln in einem riesigen See, der in der aufgehenden Sonne golden schimmerte.
Sie hatten ihr Lager im Schutz eines überhängenden Felsvorsprungs aufgeschlagen, gut geschützt vor den Flügelschlägen der Bergwinde. Hier galt es, die nächsten Wochen zu verbringen. Die Tiere weideten bereits auf der noch taufrischen Wiese, nur das Zicklein folgte Akum, es rieb sich ständig an seinen Beinen, so daß er achtgeben mußte, nicht darüberzustolpern. Es war auf dem Weg in die Berge zur Welt gekommen, und Akum hatte es in seinen Fellmantel gewickelt und um den Bauch gebunden drei Tage lang getragen. Nun wich es kaum noch von seiner Seite, leckte ständig an seinen Fingern oder knabberte, wenn er saß, an seinem Bart. Es folgte ihm zum Wasserholen zu der etwas höher, zwischen dem Felsgeröll entspringenden Quelle.
Berul saß auf der Bärentatze und beobachtete den Adler, der ungefähr auf gleicher Höhe den gegenüberliegenden Bergkamm absuchte. Knapp über dem Boden strich er dahin, in einer waagrechten Linie. Dann war er verschwunden, und erst das helle Warnpfeifen der Murmeltiere machte den jungen Hirten darauf aufmerksam, daß der Herrscher der Lüfte auf seinem Rückflug nun ihrer Seite einen Besuch abstattete. Er glitt gut hundert Meter unter ihnen an der Baumgrenze entlang, trotzdem kam Berul aufgeregt über die Wiese gerannt, um die Schafe und Ziegen gegen den Raubvogel zu verteidigen.
Am Nachmittag versuchte der Junge Murmeltiere zu erlegen. Von weitem studierte er ihr Verhalten. Ihr eigentümliches Watscheln, bei dem ihr Bauch beinahe am Boden schleifte. Ihre vogelähnliche Art, beim Trinken nach jedem Schluck den Kopf in die Höhe zu heben. Am lustigsten fand Berul, wenn sie sich alle paar Augenblicke kerzengerade auf ihr Hinterteil setzten, um sich mit angespannter Neugierde nach möglichen Gefahren umzusehen. Weniger lustig fand er dann, daß sie ihn auf diese Weise immer rechtzeitig ausfindig machten. Ein Murmeltier pfiff, und schon waren alle in ihren Löchern verschwunden. Die Pfeile prallten gegen Felsbrocken oder bohrten sich in die weichen Almmatten. Zum Essen gab es wieder einmal nur Dörrfleisch und Preiselbeeren.
Am Abend saß der Junge auf seinem Bärentatzen-Felsen und blickte in die Ferne. Die untergehende Sonne verwandelte die Flüsse in den Tälern unten in Fäden aus flimmerndem Silber. Sie färbte die Wolken rot ein. Schließlich ließ die Sonne die Silhouette der Berge noch einmal deutlich hervortreten, ehe die Finsternis die Konturen der Welt verschluckte.

II.

Da Berul noch nicht oft auf die Jagd mitgegangen war, konnte ihm Akum beim Brennholzsammeln im Wald vieles zeigen und erklären. Auch wenn der Junge so gut wie jede Fährte erkannte, gab es da doch Feinheiten und Zeichen, die einem erfahrenen Jäger weit mehr verraten konnten als die Art, das Geschlecht und das Alter eines Tieres. Akum las von einer Fährte auch die Tageszeit ab, an der das Tier vorbeigekommen war, und die Geschwindigkeit, mit der es dahinzog. Er sah, ob es sich in Gesellschaft befand, ob es krank war oder verwundet. Und die Losungen des Tieres verrieten ihm, was es gefressen hatte. Das Wissen um die Entfernung, den Zustand und die möglichen Pläne eines Tieres waren wichtig, um sich für oder gegen eine Verfolgung zu entscheiden.
Aber auch bei der zweiten wichtigen Phase der Jagd, erklärte Akum dem wißbegierigen Berul, beim Anschleichen, war es wichtig, die Vielzahl der Informationen zu erkennen. Die richtige oder falsche Einschätzung auch der unschein-

barsten Verhaltensmerkmale eines Tieres entschied über Erfolg oder Scheitern einer mitunter schon langen und mühsamen Verfolgung: Die Haltung des Schwanzes, das Spiel der Ohren und die Anspannung der Muskeln zeigten dem Jäger, wie weit er noch herangehen und wann er zuschlagen mußte.
So sprachen die beiden Hirten beim Hüten der Schafe und Ziegen fast nur über die Jagd. Akum war nun doch froh, einen Begleiter zu haben. Nicht nur, weil er ihm etwas weitergeben konnte, sondern vor allem, weil er ihn Möluk und die seltsame Stimmung im Dorf vergessen ließ. Nur in der Nacht wurde er manchmal unruhig. Da lag er für Stunden so hellwach, daß er das „Atmen der Gräser" hören konnte.

III.

Es kam die Zeit der Gewitter. Kaum ein Tag verging ohne Regen, Blitz und Donner. Die Hirten fragten sich nach dem Aufstehen nur, zu welcher Tageszeit es wohl diesmal soweit sein würde. Es galt dann, die Herde rechtzeitig einzusammeln und unter den Felsvorsprung zu bringen. Dort hatten sie mit Baumstämmen zwei Seitenwände aufgestellt. So lagerten sie geschützt vor Wind und Nässe, dicht gedrängt, Fell an Fell.
Wenn sie so dasaßen und Berul auf seiner Knochenflöte spielte, mußte Akum wieder ans Dorf denken. An die Winterabende in den Hütten. An die schöne Ma´-öma. An die ausgelassenen Feste im Herbst, das Fest bei der Geburt des kleinen Burat, das Fest nach der erfolgreichen Bärenjagd und an Nehm-nehmharrs Fliegenpilzfeste in den Vollmondnächten. Und er mußte an Möluk denken, der jetzt, während Akums Almaufenthalt, wohl die Jäger mit großen Gesten anführte.
Eines Nachts gab es ein gewaltiges Unwetter, dessen Herannahen sie übersehen hatten. Verzweifelt irrten sie durch den peitschenden Regen, um die Tiere einzusammeln, erschreckt von den nahen Blitzen, geblendet von der darauffolgenden Dunkelheit. Fünf Tiere fehlten. Die drei Ziegen fanden sie am nächsten Morgen unter einem Baum kauernd, die zwei Schafe lagen tot am Fuß einer Felswand.
Da entschied Akum, eines der toten Tiere ins Dorf zu bringen. Als Akum ins Dorf kam, zeigten sich alle verwundert. Nicht so sehr über das abgestürzte Schaf als darüber, daß er Berul allein bei der Herde gelassen hatte.
Doch kurz darauf interessierte das schon niemanden mehr, denn Möluk und die anderen Männer kehrten mit viel Geheul und Gelächter aus dem Wald heim, umringt von den kreischenden Kindern. Sie hatten einen Schwarm Bienen ausfindig gemacht, ihren Baumstamm ausgeräuchert und brachten nun den begehrten Honig heim. Bei der Aufteilung am Abend wurde Akum übersehen, aber er sagte nichts.

IV.

Die Tage nun sind warm. Alles gedeiht. Schwere Tiere ziehen durch den Wald. Manchmal nehmen die weißen Wolken darüber ihre Formen an, als würde der Sommer alles auf den Kopf stellen und die Schatten, die sonst schwarz zu Boden fallen, weiß in den Himmel werfen. Die Luft ist voller Vögel, Insekten, Pollen und Gerüche. Die Tümpel und Wiesen wimmeln vor Geräuschen und seltsamen Lauten.
Der Bach war noch prall und laut von den Wassern der Unwetter im Gebirge. Hebor, Fubko und auch Akum folgten ihm gegen den Lauf. Folgten ihm in den Wald, wo er streckenweise das Moos tanzen ließ, dann wieder große und kleine Steine polierte. Folgten ihm in die Wolfsschlucht, wo er sich gegen manche Felsbrocken aufbäumte, andere geschmeidig umspielte und die wenigen durchdringenden Sonnenstrahlen glitzernde Pfeile ins Wasser schossen. Schließlich führte sie der Bach auf eine Lichtung an jene Stelle, wo er aus gut doppelter Tannenhöhe über eine breite Felskante mitten in ein teichartiges Bassin sprang. Die Männer waren am Ziel. Nur mit Lendenschurz

bekleidet stiegen sie in das eiskalte Gebirgswasser.
Forellen mit einem Speer zu jagen erforderte von den Jägern hohe Geduld. Lange versuchten die drei Jäger ihr Glück in der Mitte des Beckens, konnten aber nur zwei Forellen spießen.
Dann wechselten sie an die Ränder, wo sich die Tiere tagsüber gerne unter überhängenden Ufersteinen versteckten. Dort bedurfte es vor allem eines guten Auges, um im dunklen Wasser jenes kurze vage Aufflimmern einer grünlich-gelben Forellenseite wahrzunehmen. Andererseits waren die Fische, die sich hier aufhielten, scheinbar träger als die anderen. Die Männer holten jedenfalls ein zappelndes Exemplar nach dem anderen an die Luft und wurden am Heimweg von zahlreichen Wespen verfolgt und, als forderten die Geister der Fische Rache, auch mehrfach gestochen.

V.

Die Mädchen sahen ihn als erstes. Sie waren mit Wasserkrügen den Bach heraufgekommen, um ein paar dürr gewordene Pflanzen am Kinderfeld das Leben zu retten, doch nun warfen sie alles hin und rannten. Wie ein Sturm wirbelten sie die anderen Dorfbewohner auf und rissen sie mit sich. Sie verursachten ein Gewirr von Armen, Beinen, Rufen, umfallenden Gefäßen. Als sich der Staub legte, waren alle in den Hütten verschwunden.
Der Bär galoppierte daher, als wollte er jemanden anspringen. Dieser Lauf war schwerfällig und doch kraftvoll. Er wirkte tolpatschig und doch gefährlich. So stürmte er nun ins Dorf, aber was wollte er? Die Schafe und Ziegen waren noch in den Bergen. Und die Schweine waren mit den älteren Burschen auf Waldweide.
Drohte ein früher Winter, wenn sich der Bär jetzt schon so hungrig zeigte?
Mitten im Dorf stoppt der Bär seinen Lauf. Er wiegt den Oberkörper hin und her, als könne er sich für kein Ziel entscheiden. Dann richtet er sich auf und wittert. Er sieht sich mit der Nase um. Er schnaubt. Tief zieht er all die Gerüche ein. Gerüche von Fleisch, Früchten, honiggesüßtem Beerenmus.
Mit einem Prankenhieb reißt er ein aufgespanntes Rehfell von einer Hüttenwand, mit einem anderen schleudert er einen leeren Tonkrug zur Seite. Dann schnuppert er an der Tür, gegen die sich Möluk stemmt. Frauen und Kinder kauern in der Ecke, am Fenster steht der weißhaarige Nehm-nehmharr mit einem glühenden Holzprügel, den er vom großen Lagerfeuer herausgerissen hat.
Möluk stemmt sich mit dem Rücken gegen die Tür. Er hört das nahe Schnauben des Bären. Er spürt seinen Atem im Nacken. Er spürt ihn so heiß, als habe er seine Haare in Brand gesetzt.
Der Bär ließ von der Tür ab und trabte zum Nachbarhaus. Dort richtete er sich auf und begann, die Tür umzureißen. Die Kinder weinten. Der alte Nehm-nehmharr blies die Glut am Prügel an und trat hinaus. Mit lautem Rufen und dem brennenden Holz ging er auf den Bären zu. Der schüttelte verärgert den Kopf, breitete die Vorderläufe aus, als wollte er den Mann umarmen und an seiner Brust zerdrücken.
Ein markerschütternder Schrei ließ die Dorfbewohner erschaudern. Als sie durch die Ritzen ihrer Hüttenwände spähten, sahen sie den Großen Bruder, der ihnen so viel Schrecken bereitet hatte, kleinmütig davongaloppieren.
Nehm-nehmharr lag rücklings am Boden. Eine Schulter blutete, das brennende Holz hielt er noch in die Höhe.

VI.

Alle gestikulierten wild, sprachen aufgeregt durcheinander, und ihre Blicke sprangen unruhig herum, glaubten da oder dort, in den Feldern, auf der Wiese, am Waldrand die Gestalt des Bären auszumachen. Die Anspannung der Dorfbewohner legte sich erst ein wenig, als die Kinder mit den Haustieren von der

Waldweide heimkehrten, unversehrt und voll ausgelassener Fröhlichkeit. Ihre kleineren Geschwister, die im Dorf geblieben waren, spielten ihnen aufgeregt das Ereignis vor und fuchtelten dabei wild mit brennenden Holzstücken herum.

Es war, als hätte alle ein seltsames Fieber erfaßt. Der Himmel hatte sich tiefschwarz verfärbt. Der zahme Waldkauz, von den Ereignissen aus seiner Tagesruhe geschreckt, stieß seinen unheimlichen Ruf aus, wieder und wieder, bis ihn, ganz plötzlich, ein gewaltiger Donner verstummen ließ. Der Regen war so heftig, als würde er auf die Erde geschossen. Die Blitze schienen nicht nur den Himmel, sondern auch die Erde zerreißen zu wollen. Alles geschah so schnell und war so gewaltig, daß Akum das Gefühl hatte, er komme mit dem Atmen nicht mehr mit. Denn kaum waren alle in den Hütten, schlug ein greller Blitz in eines der Dächer und schleuderte einen Mann samt der Tür mit einem ohrenzerschmetternden Donnerknall auf den Dorfplatz hinaus. Schilfstücke stoben durch die Luft wie brennende Vögel. Die Schweine quiekten in Todesangst und versuchten über den Zaun der Koppel zu springen. Das Gewitter verzog ebenso schnell, wie es über das Dorf hergefallen war.

Nur der Regen fiel weiter. Hebor lag leblos auf dem Dorfplatz. Akum stand fassungslos vor der angesengten Leiche seines Freundes.

VII.

Der Besuch des Bären und Hebors Tod sorgten für große Aufregung im Dorf. Kaum jemand, der die beiden Ereignisse nicht in einem Zusammenhang zueinander sah. Und in einem Zusammenhang mit anderen Geschehnissen aus der letzten Zeit.

Welche Schlüsse auch immer gezogen wurden, so waren sich doch alle einig, daß das Dorf von einem höheren Wesen gewarnt oder gestraft werden sollte.

Und als Möluk begann, sich mit Akum um den Bogen Hebors zu streiten, mischte sich niemand ein. Der Ausgang dieser Auseinandersetzung könnte doch eine mögliche Antwort sein, auf was auch immer. Natürlich wußten alle, daß Akum diesen Bogen geerbt hatte, wie es auch Nehm-nehmharr als Dorfältester bestätigte, er also ihm gehörte, das war eine klare Sache. Doch was war schon klar, wenn die Geister im Spiel waren und ihren Zorn mit Bär und Blitz ins Dorf schickten. Hatte da Möluk nicht auch recht, wenn er behauptete, es könne nicht Akums Bogen sein, denn Akum sei gar nicht da, sei mit der Herde in den Bergen.

Schon ging es nicht mehr ums Rechthaben, schon wurde dieser Streit mit den Händen ausgetragen, schon schwangen diese Hände dicke schwere Holzprügel, und die Holzprügel krachten aufeinander, wieder und wieder, bis der eine zu Boden fiel, in eine Regenpfütze. Und Möluk gegen Akums Rippen drosch und noch einmal und schließlich ins Leere schlug. Akum lag mit gebrochenen Rippen im Schlamm und rang nach Luft.

Er muß gehen. Der Köcher ist beschädigt. Er fischt das abgebrochene Mittelstück der Köcher-Versteifung aus dem Schlamm und steckt es in den Gürtel. Er wird es demnächst reparieren. Er tastet nach seiner Bauchtasche. Die ist noch unversehrt. Er muß jetzt gehen, Möluk wird ihn sonst umbringen, er wird ihn erschlagen wie im Winter den von den Pfeilen zu Boden gegangenen Luchs. Er wird den Prügel so lange auf seinen Kopf niederdonnern lassen, bis er tot ist. Oder er wird ihn einfach zerreißen mit bloßen Händen, wie damals im Herbst den Dachs. Er wird das machen, er hat diesen Blick, er hat es in seinen Augen gesehen.

Akum schleppte sich noch einige Meter rückwärts durch den Schlamm, ohne den Gegner aus dem Blickfeld zu lassen. Dieser stand breitbeinig und schwer atmend im Regen, beide Hände noch immer um den Prügel geklammert. Aber er machte keine Anstalten, ihm nachzusetzen. Vorsichtig erhob sich Akum, wobei er in gebückter Haltung blieb, um Möluk nicht herauszufordern, aber auch, um die Schmerzen an der Seite in Grenzen zu halten. Er schleppte sich zur Hütte, packte seine Trage, das Beil, den Grasmantel, die Bärenfellmütze, ein Stück Fleisch. Er mußte gehen. Er beeilte sich. Und doch versuchte er, keine hastigen Bewegungen zu machen. Bewegungen, die einen Wind verursachen könnten, der Möluk aus seiner Versteinerung löst.

VIII.

Plötzlich merkte er, daß ihm jemand nachlief. Er drehte sich um und hob den Arm mit dem Beil. Die Bewegung verursachte in seinem Brustkorb einen derart starken Schmerz, daß er laut aufschrie. Der Verfolger hielt jäh inne. Da erkannte Akum, daß es sich um den alten Nehm-nehmharr handelte, und senkte das Beil. Langsam gingen die beiden aufeinander zu. Dann standen sie da und sprachen mit den Augen. Nehmnehmharr befestigte etwas an Akums linkem Handgelenk. Es waren zwei auf Fellriemen aufgefädelte Kugeln, die Fruchtkörper der schwarzen Birkenporlinge. Die Pilze hatten schon oft geholfen, Verletzungen zu heilen und das Fieber zu besiegen. Akum betrachtete das Geschenk, holte eine Feuersteinklinge aus der Bauchtasche, schnitt ein winziges Stück vom Pilz ab und steckte es in den Mund. Nehm-nehmharr nickte. Dann trennten sie sich wortlos.

IX.

Die Nacht verbringt er in einem Erdloch wie ein verwundetes Tier. Am nächsten Tag bleibt er lange liegen, weil er glaubt, daß er tot sei. Dann schreckt ihn eine Schlange auf.

Er ist am Leben und ißt das Dörrfleisch. Dann sucht er eine geeignete Eibe und gerade Triebe des Wolligen Schneeballs. Er braucht Bogen und Pfeile.

Es regnet wieder. Alles ist ihm schwer.

Trotzdem macht er sich daran, die zähen Triebe des Wolligen Schneeballs zu bearbeiten.

Zunächst schneidet er, Stück für Stück, das Holz auf beiden Seiten gerade ab. Dann entrindet er die Schäfte und macht an den dünneren, triebspitzennahen Enden Einkerbungen für die Bogensehne. Der dickere Teil vorne sollte dem Pfeil beim Schuß ein Vorgewicht geben. Er trachtet danach, seine Pfeile immer gleich lange und gleich dick zu machen, um sich so beim Schießen besser auf seine Erfahrung verlassen zu können. Diese Prozedur wiederholt er bei elf weiteren.

Auch an dem Eibenstock schnitzt er, wenn er etwas schmerzfreier ist. Das Holz ist zäh und harzfrei, das ideale Stück für einen Bogen. Der Stab bekommt einen verdickten Griffteil und allmählich sich verjüngende Enden. Aber noch ist der Bogen roh.

Er ernährt sich von Schlehenfrüchten. Wenn er sich bückt, atmet er den Geruch von Erde und faulendem Holz.

Das Bücken schmerzt ihn. Das Gehen schmerzt ihn. Das Liegen schmerzt ihn. Einzig im Sitzen ist es halbwegs erträglich.

Er sitzt in einem Jägerunterschlupf am Feuer und schnitzt an dem Bogenstab. Er schnitzt mit der Kraft des Handgelenks. Bewegt er den Oberarm, spürt er die gebrochenen Rippen.

Zwei Tage und Nächte bleibt er dort. Dann bekommt er Angst.

Die Männer vom Dorf könnten ihn entdecken. Wenn sie zur Jagd gehen. Wenn sie abends sein Feuer sehen.

Was soll aus ihm werden?

Ein Wilder Mann. Ein Bär. Ein Vogel.

Ein toter Mann. Aas für Bär und Vogel.

Am nächsten Morgen wickelt er die glühende Holzkohle in Ahornblätter und deponiert sie sorgfältig im Birkenrindengefäß. Er macht sich auf den Weg in die Berge.

Es ist kalt. Und heiß. Er schwitzt und fröstelt.

Ein eisiger Wind kommt auf.

Er erreicht den Bergkamm. Er wundert sich, daß Himmel und Erde im Gebirge nicht zusammenstoßen.

Es dämmert bereits. Es beginnt zu schneien.

Endlich gelangt er zur Mulde.

Hier kann er bleiben.

Er ist am Ende.

making of...

Begegnung der Technologien:
Pfeil (3000 Jahre v. Chr.)
Digitalkamera (2000 Jahre n. Chr.)

Im genau rekonstruierten Dorf aus der Jungsteinzeit beginnt wieder ein Drehtag. Nach dem stimmungsvollen Verdunsten des Morgentaus kann man auch aus der Ferne die Spezialkameras erkennen.

Für Kameraperspektiven aus luftiger Höhe über dem Steinzeitdorf wurde eine Hubarbeitsbühne mit 17 m langem Ausleger verwendet.

Kameramann Franz Cee filmt wildlebende Murmeltiere im Hochgebirge mit Hilfe eines 600-mm-Teleobjektivs.

Ötzi-Darsteller Arthur Bürger beim Anlegen eines maßgefertigten Rippenschutzes vor den Dreharbeiten zur Kampfszene.

Ein Luchs zeigt Interesse für eine Kameraausrüstung.

Dreharbeiten im Südtiroler Hochgebirge: Auf über 3200 m bot sich ein atemberaubendes Bergpanorama.

Ein früher Wintereinbruch überrascht das Team während der Dreharbeiten zur Schamanenszene. Darsteller (v. l. n. r.): Arthur Bürger, Hermut Müller und Horst Manarin nützen die Drehpause ...

Wer betrachtet wen?
Bachforellen und Kameramann Franz Cee bei Unterwasseraufnahmen in einem Gebirgsfluß.

Wassertemperatur: 6°C,
Lufttemperatur: 30°C,
ein reißender Gebirgsfluß; harte Anforderungen für Filmcrew und Darsteller.

Auch die jüngsten Darsteller stehen einmal im Mittelpunkt: Patrik Sommer mit einem ORF-Team beim Interview.

Ein Perfektionist bei der Arbeit: Der Produzent, Regisseur und Kameramann Kurt Mündl.

Präzise Kamerafahrt mit Schienenwagen und Kamerakran.

Ein halbzahmer Braunbär mit seinen Trainern: Erste Besichtigung des Drehortes.

Ein speziell entwickelter Kamerakran ist auch für Arbeiten im Hochgebirge geeignet.

Naturfilmer und Unterwasserexperte Michi Schlamberger vor dem Abtauchen zu Filmaufnahmen unter der Eisdecke eines Sees.

Der Ötzi-Darsteller macht sich bereit: Probeliegen für die Sterbeaufnahmen.

Requisiteur Horst Forster achtet auf Details: Die Fingernägel der Darstellerin werden auf Steinzeit getrimmt.

Hoher Besuch: Viktor Klima bei Kurt Mündl und Darstellern Barbara Sommer mit Kindern und Christian Michor.

Der Experimentalarchäologe Wulf Hein weist Darsteller Horst Manarin in die Herstellung von Feuerstein-Pfeilspitzen ein.

Kamerafahrt in den Tod: Die aufwendigen Sterbeaufnahmen bei Wind und Kälte.

Ein Regiefehler?
Die neolithischen Freunde Arthur Bürger und Christian Michor am Lagerfeuer.

Ötzi live!

Film ist eine aufwendige Angelegenheit. Insbesondere wenn ein Perfektionist am Werk ist, also Kurt Mündl. Und wenn man einen äußerst launischen Partner hat, das Wetter. Doch Regisseur und Darsteller schrecken vor keiner Herausforderung zurück. Zwei Besuche am Drehort.

Von UNIVERSUM-Magazin-Autor
Peter A. Krobath

Die beiden Wanderer am Ende des Bodentaler Forstweges halten plötzlich inne und staunen. Vor ihren Augen geschieht Wundersames: Auf der sonst unberührten „Märchenwiese" ist, scheinbar über Nacht, ein Dorf entstanden. Mit Hütten aus groben Baumstämmen, lehmverfugt, schilfbedeckt. Zwei Lagerfeuer qualmen. Da und dort ist ein Fell zum Trocknen gespannt. Dazwischen tummeln lebende Wesen, Schafe und Ziegen und höchst suspekte Dorfbewohner. Langhaarige Individuen in braunen Lederkleidern. Sie machen sich auf zwei schmalen Ackerstreifen zu schaffen. Und das mit absolut handelsunüblichen Geräten: einem Pflug aus zwei ineinandergesteckten Holzprügeln und einer Gartenkralle, die sich bei näherem Hinsehen als Hirschgeweih erweist. Wer sind diese Leute? Eine neue Generation von Extremaussteigern?

Die Wanderer staunen nicht lange. Wie jedes Kind heutzutage wissen auch sie, daß Wunder nur noch im Film geschehen. Im Nu machen sie also den Motor des ungewöhnlichen Treibens ausfindig: die Kamera auf einem vier Meter langen Gleis am Rande des Geschehens. Daneben eine schwarze Plastikplane, aus der ab und zu eine Hand herausragt und sich auf die Suche nach einer Marlboro macht. Dort schirmt sich der Regisseur Kurt Mündl ab, um die ersten Dorfszenen von „Ötzis Welt" auf dem Monitor mitzuverfolgen. Es ist ein aufregender Tag Anfang Mai: Zum erstenmal sind die Statisten am Drehort. Zum erstenmal stehen Menschen vor der Kamera des bekannten Tierfilmers. Der Vorteil: Man braucht nicht stundenlang auf der Lauer liegen, eine kurze Anweisung genügt. Der Nachteil: Während Mündl Stubenfliegen und Skorpione im Studio drehte, ist er nun vom Wetter abhängig.

Die windische Wolkenkatze

Auf der Märchenwiese ist es nicht immer so sonnig wie im übrigen Kärnten. Die „windische Kotz" nennt der Wirt Andreas Lausegger diese meteorologische Besonderheit: jene Wolke, die in Slowenien aufwächst, sich geschmeidig über den Bergkamm schmiegt und dann faul auf der Kärntner Seite liegen bleibt. Lausegger hat von seinem Berggasthof, in dem auch die Crew untergebracht ist, Verpflegung mitgebracht: „Ötziragout". Die Steinzeitler lassen sich bei zwei orangefarbenen Klapptischen nieder, und jemand meint: „Das wär' eine gute Szene für eine Fred-Feuerstein-Fortsetzung." Natürlich könne man eine Monthy-Python-Version von Ötzi auch drehen, das sei dann immer noch besser als ein Disney-Kitsch oder eine Love-Story Marke Hollywood, meint Mündl. Christian Michor, ein aus dem Kärntner Unterland stammender Schauspieler, der sich auch gerne außerhalb der Drehzeiten in Szene setzt, probiert es gleich aus und schultert den Holzpflug: „Jeder nur ein Kreuz, bitte!" Dann demonstriert er, wie sich das Hirschgeweih effektiv als Mordwaffe einsetzen ließe. Die Stimmung unter den Statisten lockert sich. Ebenso die Wolkendecke. Die nächste Szene steht am Programm. Erste Regieanweisung: „Ende der Kaffeehaussituation!"

Kaum ist das Pflügen und Säen „im Kasten", machen sich zwei Neuzeit-Arbeiter mit einer Motorfräse noch einmal am Acker zu schaffen und streut ein grauhaariger Herr weitere Samenkörner. Sicher ist sicher. Rudolf Schachl kommt extra vom Bundesamt für Agrarbiologie in Linz. Er hat aus der dortigen Genbank uralte Getreide- und Mohnsorten mitgebracht und soll dafür sorgen, daß die hier auch wirklich gedeihen und zur Erntezeit filmreif im Bild stehen. Auf Authentizität wird bei dieser

Produktion größter Wert gelegt. Nicht zuletzt deswegen ist Ötzi-Darsteller Arthur Bürger, ein Biologe und leidenschaftlicher Schmetterlingzüchter, für Mündl die Idealbesetzung: „Er geht nicht mit schauspielerischen Ambitionen an die Rolle heran, sondern mit einem großen Interesse an dieser Zeit. Er spielt den Ötzi nicht, er *lebt* ihn für die Kamera."

Der Cola-Erde-Mix

„Unterbrechung, stop!" Die Schafe sind ausgerissen und müssen wieder eingefangen werden. Nur der Ziegenbock bleibt sitzen. „Wenn der wüßt', daß die ganzen Leggings und Köcher aus Ziegenleder sind, würd' er nicht so cool bleiben", meint Horst Forster, der vielseitig begabte Kleider- und Werkzeugmacher des Filmteams. Während sich die Darsteller ihre Körper extra mit Spezialschminke (Cola gemixt mit Walderde) einfärben, sind seine Hände von der Arbeit schmutzig. Vor allem die braune Beize, mit der er die Hirschlederkleidung altern ließ, bekommt er nicht mehr von den Fingern.

Alle Requisiten hat Forster exakt den Fundstücken vom Similaungletscher nachgebaut. Zum Beispiel streifte er tagelang durch die Wälder, nur um den richtigen Ast für Ötzis Beil zu finden. Oder klebte die Pfeilspitzen für den Steinzeit-Jäger originalgetreu mit Birkenpech am Schaft fest. Mit diesem Superkleber klebten Archäologen einmal versuchsweise Blumentopfscherben zusammen. Als man den Topf dann belastete, brach er nicht an den Klebefugen, sondern an anderen Stellen.

64 Gruppen von Wissenschaftlern aus elf Nationen haben sich in den letzten acht Jahren an der Forschung rund um den Jahrhundertfund vom Hauslabjoch beteiligt. Dennoch bleiben viele Fragen über das Leben in der Jungsteinzeit offen. Manches ist naheliegend: Bei der Mumie fand man eine Bärenfellmütze, also inszeniert Mündl für seinen Film eine Bärenjagd mit Pfeil und Bogen in Kroatien, wo es genügend Bären gibt. Andere Schlüsse sind dem Regisseur zu spekulativ: So läßt er Liebes- und Familiengeschichten beiseite, „denn wir wissen absolut nicht, welche sozialen Strukturen die damals hatten". Offen bleiben soll im Film auch die Frage, ob die Tätowierungen des „Homo tyrolensis" an Knie und Rückgrat als konkrete medizinische Maßnahmen oder als Teil eines schamanistischen Rituals entstanden.

Die Sprache, der sich die Jungsteinzeitler in der synchronisierten Fassung bedienen werden, soll sich ans Wallisische und Rätoromanische anlehnen: „Sie darf auf keinen Fall abgehackt und primitiv klingen, eher melodiös." Denn die 5300 Jahre, die uns von Ötzi trennen, sind in der Menschheitsgeschichte kein so großer Schritt, wie viele glauben. Vielleicht haben wir uns im Grunde nicht sehr verändert, sind nur maskiert mit Autos und Telefonen und haben so den Blick für die Natur verloren. „Von der Struktur seines Schädels her entspricht Ötzi ganz der heutigen europäischen Population. Würde man ihn mit einen Anzug bekleiden, er würde in der heutigen Welt gar nicht auffallen", meinte der bekannte Wiener Humanbiologe Horst Seidler einmal.

Was dem Zoologen Mündl wichtig ist: Trotz der vielen Jagdszenen wird für diesen Film kein einziges Tier getötet: Die toten Tiere bekommt das Team von der Kärntner Jägerschaft geliehen oder aus den österreichischen Zoos (der tote Luchs zum Beispiel ist ein im Alpenzoo Innsbruck verendetes Tier; der Bär wurde ganz regulär von kroatischen Jägern erlegt).

Geschickte Trickaufnahmen verwischen die Tatsache, daß es sich bei der lebenden und der toten Jagdbeute der Steinzeitler immer um andere Individuen handelt. Mündl geht sogar so weit, daß er in einer Szene, in der Ötzi die Eier eines Haubentauchers ausschlürft, aus Gründen des Naturschutzes identisch aussehende „Kunsteier" verwendet.

Für die Südkärntner sind die Dreharbeiten nicht die erste Auseinandersetzung mit dem prähistorischen Alltag. Bereits ein Jahr zuvor holten sie sich zur Ausstellung „Alles Jagd" einen Steinzeit-Darsteller ins Land. Fünf Monate lang machte ihnen ein irischer Anthropologe im Ferlacher Schloßpark den Ötzi, ernährte sich dort von Wurzeln und Beeren, handwerkte an Werkzeugen und

Gefäßen. Kein Wunder also, daß sich die Kärntner sehr bemühten, auch Mündls Filmprojekt in ihr Tal zu locken. Doch erst als der Regisseur die Märchenwiese zu Gesicht bekam, war er überzeugt: „Diese alten Bäume, die Karawanken dahinter, ich hab' sofort gewußt, das ist es." Mit großer Ausführlichkeit kann der gelernte Zoologe über die urtümliche Vegetation dieses einstigen Moores (mitten in der Wiese federt der Boden ein wenig) schwärmen. „Es ist anzunehmen, daß die Leute sowas damals wirklich als Siedlungsgebiet gesucht haben, ein Talabschluß, windgeschützt, eine natürliche Wiese. Knabenkraut, Feldorchideen, Sumpfdotterblumen, all diese Blumen dürfte es vor 5000 Jahren schon gegeben haben, denn die Vegetation entwickelt sich nur langsam. Sie ist auch in der Eiszeit nicht ganz verschwunden, wurde in untere Regionen gedrückt und wanderte dann wieder hinauf." Nur mit der „windischen Kotz" mag sich der Regisseur nicht recht anfreunden.

Selbst am späten Abend, im Berggasthof Lausegger, werden noch bestimmte Szenen und diverse wissenschaftliche Theorien diskutiert. Ist Mündl ein Besessener? „Nein, das klingt wie eine Krankheit. Es ist einfach nur so, daß mich diese Arbeit Tag und Nacht erfüllt." Auch der Wirt hat sich von der Ernsthaftigkeit seiner Gäste anstecken lassen und überlegt, sein „Ötzi-Menü" zu korrigieren: Statt der Röstkartoffeln („Die hot's jo damols noch nit gebn") will er nun Fladenbrot zum Lammragout auftischen, der Apfelstrudel soll durch einen gebratenen Apfel ersetzt werden.

Bilder, die noch nie zu sehen waren

Der legendäre Mann vom Hauslabjoch wurde schon als Gummibärchen durchgekaut und in zahlreichen Büchern selbsternannter Experten. Eine deutsche Dame geisterte sogar eine Zeitlang als seine Wiedergeburt durch die Talkshows, konnte sich aber leider an keine Einzelheiten erinnern. So gesehen ist es ein wahrer Glücksfall, daß die erste filmische Aufarbeitung von Ötzis Leben jemand wie Kurt Mündl in die Hand genommen hat. Unsere Vorfahren romantisch zu verklären findet er ebenso töricht wie den umgekehrten Versuch, sie zu Bestien zu machen, die erst durch die Zivilisation zu Menschen wurden.

„Ich sehe mich eigentlich als Wissenschaftsjournalist", meint der Niederösterreicher, aber das klingt beinahe schon nach Negativprotzerei. Andere jedenfalls sehen ihn als einen der Stars unter den Tierfilmern dieses Planeten. Den Aufstieg in diese Region schaffte der studierte Zoologe 1992 mit einer verblüffend spannenden Dokumentation über die Stubenfliege. BBC und National Geographic traten als Käufer auf, für einen ORF-Tierfilm war das eine Premiere. Mündl blieb bei den kleinen Tieren und den großen Erfolgen: Der Film „Die Schattenjäger" wurde zu einem Thriller, in dem die giftigsten Skorpione der Welt sich selbst spielten.

Die Geheimnisse des Meisters: ein genaues Drehbuch, Einstellungen und Schnitte wie bei Spielfilmen, gestochen scharfe Großaufnahmen, außergewöhnliche Szenen („Ich will den Leuten Bilder zeigen, die sie noch nie gesehen haben"), digitale Bildüberblendungen und eine ungeheure Ausdauer. Für den Skorpion-Film bauten er und seine Mitarbeiter in seinem Studio- und Wohnhaus in Kirchstetten 500 Dekorationen in der Größe von ein bis fünfzehn Quadratzentimeter. Trotzdem kann man nicht von Inszenierungen sprechen: „Wir müssen wissen, was die Tiere können, und filmen nichts, was in der Natur nicht möglich wäre."

Zur aufwendigsten „Universum"-Produktion, die je gedreht wurde, geriet der darauffolgende Film über die Schmetterlinge, den er seinem großväterlichen Freund Konrad Lorenz widmete. Für die „Boten der Götter" füllte Mündl in zehn Monaten nicht weniger als 160 Stunden Filmmaterial. Für die 52minütige Endversion bekam er 1998 in Chicago seinen zweiten „Gold Camera Award".

Tollkirschen und Fliegenpilz

In der Früh des 5. November fällt im Kärntner Bodental der erste Schnee. Das gelbe Herbstlaub hängt noch auf den Bäumen und liegt nun unter dem Weiß wie tiefgefrorenes Sonnenlicht.

Die Schneeflocken sind so dick wie auf Kinderzeichnungen. Sie legen sich auf die alten Tannen rund um die Märchenwiese und setzen den vier archaischen Holzhütten weiße Hauben auf die struppigen Strohdächer. Nichts weist darauf hin, daß dieser Tag noch blutig enden wird.
Aus einem der Dächer dringt dünner Rauch. Er stammt von einem kleinen knisternden Lagerfeuer. Um das Feuer sitzen vier Männer. Trotz des Wintereinbruchs sind sie nur mit einem Lendenschurz aus dünnem Ziegenleder bekleidet. Der älteste von ihnen trägt wohl eine Kappe, aber die ist kaum zur Abwehr von Kälte gedacht: Geweihe baumeln auf der Seite, obenauf thront der gefiederte Kopf eines Bussards, und auf der Stirn prangt der Totenkopf eines Raben – Utensilien, die ihn als Schamanen ausweisen.
Ein mumifizierter Marder, eine tote Elster, Felle und Schädel von anderen Waldtieren hängen in der Hütte des Schamanen. Im flackernden Licht scheinen sie sich zu bewegen. Der Alte fischt einen Stein aus dem Feuer und wirft ihn in das Tongefäß zu seinen Füßen. Das solcherart erhitzte Getränk reicht er weiter. Es schäumt an den Mundwinkeln der bärtigen Männer. Deren Blicke werden seltsam starr. Einer beginnt, mit dem Oberkörper zu wippen. Ein anderer verfällt in ein monotones Summen. Der dritte kreist mit dem Kopf und verdreht die Augen. „Danke, sehr schön“, ruft eine Stimme aus dem Hintergrund.
Wir wissen Bescheid: Die Männer sind Schauspieler. Sie verschwinden fröstelnd im Wohnwagen, der neben der jungsteinzeitlichen Hütte parkt. Die mit Tollkirschen gewürzte Fliegenpilzsuppe, an der sich die Runde gerade berauschte, wurde von einem Kärntner Bier gespielt. Der Trance-Schweiß kam aus der Zimmerpflanzen-Sprühflasche.
„Eigentlich spielt die Szene im Herbst, aber so ist das halt, bei schönem Wetter waren andere Drehs wichtiger, und wir haben diese Szene, die ja drinnen spielen kann, immer wieder nach hinten geschoben. Und jetzt sitzen wir damit im Schnee“, erklärt Regisseur Kurt Mündl. „Einer der härtesten Drehs bis jetzt“, stellt der Kameramann fest. Gestern regnete es in Strömen, und das Wasser rann in die Hütte, heute liegt Schnee. Und ständig muß er nahe beim Feuer drehen, mit dem Rauch in den Augen. Franz Cee hat bereits bei elf Universum-Produktionen mitgearbeitet, davon achtmal gemeinsam mit Kurt Mündl. Der Niederösterreicher lernte das Handwerk von der Pike auf, ging seinen Weg von der Beleuchtung über den Ton bis zur Kamera. Seit zehn Jahren arbeitet er mit Mündl zusammen, seit fünf Jahren in dessen Firma „Power of Earth“. Mündl schätzt seine Präzision und seine Verläßlichkeit. „Wir müssen einen Dreh oft gar nicht besprechen, weil er weiß, was ich will, und ich weiß, wie er es macht.“

Ostereierfarbe als Blutspende

In der warmen Wohnwagenhöhle geht es während der Drehpausen hoch her. Witze werden gerissen, amerikanische Comics nacherzählt. Über griechische Mythologie wird gefachsimpelt. Die Bogen der Steinzeit-Jäger werden als Zupfinstrumente zweckentfremdet. Und natürlich läßt man schon vergangene Drehtage Revue passieren. Die haben den Darstellern einiges abverlangt. So erzählen „Ötzi“ Arthur Bürger und seine Gefährten Christian Michor und Horst Manarin vom Bachforellenfangen mit Speeren im sechs Grad kalten Wasser des wildromantischen (auch im Kärntner Bodental beheimateten) Tschauko-Wasserfalls. Von den vielen Wespen, die der Fischgeruch anlockte. Vom Ausräuchern eines Bienenstocks und dem endlosen Herumkauen an den süßen Waben. Und von der langen Regenperiode, die sie dazu zwang, die Felder mit den alten Getreidesorten mit großen Partyzelten zu schützen, damit die Pflanzen bis zu den Ernteszenen nicht verpilzten. Damals hatten auch die Frauen vom Berggasthof Lausegger steigenden Arbeitsaufwand: Täglich transportierte die Steinzeit-Crew etwas Erdreich vom Drehort in die Gänge und Zimmer ihrer Unterkunft. Weiters erzählen die drei von den Szenen auf der Hochalm: „Wir haben einen kanadischen

Schafhüter gehabt, der auf kanadisch gejodelt hat." Von der Kälte am Großglockner, wo die Sterbeszene gedreht wurde. Und von der Rauferei im Feuerwehr-Regen. Doch warum die Rauferei?
Eine Frage, die wohl nie ganz geklärt werden wird: Was hat den Mann in jenem Sommer vor 5300 Jahren auf den Berg getrieben und zu seinem einsamen Tod in der Felsrinne unterhalb des Hauslabjochs geführt? Laut Ötzi-Fachmann Professor Konrad Spindler dürfte er den Sommer mit Schafen und Ziegen auf den Ötztaler Hochweiden verbracht und danach in seinem Dorf bei der Ernte geholfen haben. Irgendwann in dieser Zeit muß es zu einem gewaltsamen Ereignis gekommen sein, in deren Folge Ötzi fliehen mußte.
„Wir haben zwei mögliche Ereignisse ins Auge gefaßt", erklärt Regisseur Kurt Mündl. „Szenario eins: Das Heimatdorf von Ötzi wird von einem anderen Stamm überfallen, Ötzi gelingt die Flucht. Es gibt archäologische Funde, die auf derartige kriegerische Auseinandersetzungen zu dieser Zeit schließen lassen. Szenario zwei: Es kommt stammesintern zu Kämpfen, aus einem bestimmten Anlaß, vielleicht geht es dabei auch um die Rangordnung." Der Regisseur entschied sich für die zweite Variante. Im Film wird ein Bogen Anlaß für die Kampfszene. Ob noch mehr hinter diesem Streit steht, bleibt der Phantasie des Zuschauers überlassen.

Gäste mit Starallüren

Da die Produktion mit dem Budget für eine Dokumentation auszukommen hat, müssen die Darsteller auch die Stuntszenen eigenhäutig durchstehen. „Lustig war das nicht gerade, sich da in den Dreck zu schmeißen, bei Kälte, und den Regen von der Feuerwehr", erzählt Arthur Bürger von den Dreharbeiten. „Der Streit artet aus in einer Prügelei. Ich schubs den Christian ein bißl weg, der fällt rücklings in den Dreck, rappelt sich aber wieder auf, nimmt einen Stecken und drischt mir in die Rippen, denn der Ötzi hat einen nicht verheilten Serienrippenbruch auf der rechten Seite gehabt, der erst einige Wochen alt gewesen sein dürfte." Der Ötzi-Darsteller schützte seine Rippen mit einem versteckten Panzer aus Polyester mit Glasfaserverstärkung, und alles in allem und trotz einiger blauer Flecken läßt sich sagen: Er hat die Szene überlebt.
Trotz aller Schwierigkeiten ist Kurt Mündl mit der bisherigen Arbeit zufrieden. Auch mit den Darstellern. Abgesehen von jenen zwei ungarischen Stars, die sich im Sommer bei weitem zuviel Freiheiten herausnahmen und das ganze Team fast zur Verzweiflung brachten. Die Rede ist von zwei halbzahmen Braunbären, Film-Profis eigentlich, die in einer wichtigen Szene dem Steinzeitdorf einen Besuch abstatten. „Es war eine ganz große Schwierigkeit mit den Bären, wir haben dann sogar, was gar nicht geplant war, einen Zaun rund ums Ötzidorf gebaut, das ging recht schnell, die Ferlacher haben uns da sehr geholfen." Es nützte wenig: Die umliegenden Wälder interessierten die Tiere weit mehr. „Es war eine Qual. Alles ist aufgebaut und der Bär rennt zwei Sekunden durchs Bild und das war's für den Tag schon wieder. Denn bis der Bär wieder gefangen war, hat man mit dem nichts mehr anfangen können: Der mußte sich erst ausrasten und beruhigen." Eine Woche lang dieselbe Prozedur. Eines Tages war einer der Bären ausgerissen und auch bei Einbruch der Dunkelheit noch nicht gefunden. „Wir sind schon im Gasthaus gesessen, und der Bär war noch immer weg, das war keine angenehme Vorstellung", erzählt Arthur Bürger. Zum Glück wurde er eingefangen, bevor er zu Schaden kam oder selbst einen anrichtete.

In der Ordination des Schamanen

Der Wohnwagen ist ein kleines Wärmefach im großen Karawanken-Kühlschrank. Die Sonne bleibt hinter der Bergkette, die auf der Kärntner Seite in einen bläulichen Ton getaucht ist, als sei sie aus Eis. „Raus, raus, es wird wieder gedreht." – „Nein, immer mitt'n in der Zigarett'n!"
Die Szene mit dem Fliegenpilztrunk und der anschließenden Tätowierung spielt vom Film

aus gesehen noch im Herbst. Bei den „echten" Winterszenen tragen die Darsteller unter dem Ledergewand Neopren-Taucheranzüge gegen die Kälte. Dazu kommen Grasmäntel aus widerstandsfähigem Pfeifengras. „Das hab' ich bei uns im Waldviertel geerntet in der Nähe eines Moorgebiets", erzählt Requisiteur Horst Forster. „Diese Mäntel sind sicher ein guter Wind- und Wetterschutz. Der Regen rinnt am Gras ab, außerdem ist das Geflecht atmungsaktiv, eigentlich eine Art *Steinzeit-Goretex*.

Horst schmirgelt eine an einem Holz befestigte Knochenspitze. Christian: „Ist die jetzt schon zum Tätowieren?" – „Nein, das ist die stumpfe für den Arthur. Und, schon Angst?" – „Aber bitte, meine größte Sorg' is, daß ich nicht einschlaf' dabei." Energiebündel und Pausenlos-Unterhalter Christian Michor hat sich bereit erklärt, Arthur bei der Tätowierszene zu doubeln. Doch vorerst heißt es für ihn warten, warten, warten. Zunächst zieht Kurt Mündl die Tätowierlinien auf dem Rücken des Hauptdarstellers nach: mit wasserfestem Filzstift. Bei ihm deutet der Schamane Müller das Stechen nur an, es wird Kunstblut (Rezept: scharlachrote Ostereierfarbe mit Mineralwasser) verwendet. Doch Hermut Müller deutet das „Pecken" so glaubwürdig fest an, daß Arthur bei seiner Rückkehr in den Wohnwagen laut aufstöhnt und einen wirklichen Tattoopunkt aufweist.

Christian hat schon auffallend lange keinen Witz mehr erzählt. Er wippt mit den Knien. Es ist nicht absehbar, wie schmerzhaft die Stiche mit der Knochenspitze sein werden. Horst erklärt ihm, es könnte passieren, daß die Knochenspitze abbricht. Noch müssen einige Einstellungen mit dem Schamanen in den Kasten gebracht werden, da Müller am Abend wieder nach Wien muß. Wieder und wieder legt Franz Cee Holz nach, achtet darauf, daß das Licht richtig plaziert ist und die Schauspieler dreckig genug sind. Draußen ist es bereits dunkel. Christian hat sich in den Schlaf geflüchtet. Die Szenen mit dem echten Tätowieren werden schließlich in den Bergasthof Lausegger verlegt. Während in einem Nebenraum im Berggasthof alles für die „Operation" vorbereitet wird, zeigt mir Kurt Mündl den Zehn-Minuten-Trailer, den sie zu Werbezwecken in Cannes aus dem Material der ersten sechs Monate zusammengeschnitten haben: ein eindrucksvolles Feuerwerk an ungewöhnlichen Bildern und spannenden Szenen. Selbst die ungarischen Bären, die ständig davongerannt waren, bringen es hier, auf Zelluloid gebannt und in die richtige Schnittfolge gebracht, zu einer atemberaubenden Präsenz.

„Herr Lausegger, gibt es hier in der Nähe eigentlich einen Arzt?" Horst testet wieder die Knochenspitzen. Läßt sich aus der Gasthausküche ein Stück Fleisch holen, um zu sehen, wieviel Kraft er aufwenden muß, damit die Spitze eindringt. Als er schließlich wirklich die fünf, sechs Löcher in die Haut hämmert, muß Christian die Luft anhalten, denn die Szene wird in Großaufnahme gefilmt: Man sieht nur die in die Haut eindringende Knochenspitze und die Blutstropfen. Diesmal sind sie echt. Niemand spricht ein Wort. Auch die Wirtin und der Wirt starren auf den Monitor. Ein zweiter Durchgang ist notwendig. Die Wirtin wendet sich schaudernd ab. Ein wenig später verarztet sie den Rücken Christians mit Rasierwasser. Jetzt erst schreit er laut auf.

Wehgetan habe das Stechen nicht sehr, meint er später im Gastraum – höchstens wie ein Pieksen mit Dornen. Jedenfalls ist er wieder bester Dinge, gibt Szenen aus Monty-Python-Filmen zum besten, wobei die Runde Bier, die Herr Lausegger auf Kosten des Hauses auftischt, der guten Stimmung keinen Abbruch tut. Auf der kulinarischen Seite hat der Wirt im Sommer einen kleinen Schwenk vollzogen und sein „Ötzi-Menü" zu einem „Ötzi-Eintopf" verschmälert. „Die Tagestouristen essen ja nicht so viel." Nun bekommen sie also Lammfleisch mit Wurzelgemüse, Dinkel, Linsen und Lauch in einem Holzteller, dazu ein Fladenbrot. Bodentalständig und märchenwiesenhaft schmeckt das allemal noch.

Ötzis letzte Ruhestätte –
Das Südtiroler Archäologiemuseum

Die Rekonstruktion des Mannes aus dem Eis mit Ausrüstung und Kleidung.

Das am 28. März 1998 eröffnete Südtiroler Archäologiemuseum in Bozen, Südtirol, dokumentiert auf 1200 m² die Ur- und Frühgeschichte Südtirols vom Ende der letzten Eiszeit (15.000 v. Chr.) bis zur Zeit Karls des Großen (um 800 n. Chr.).
Neben den vielen Originalfunden aus den verschiedenen Zeitepochen versprechen anschauliche Großmodelle, Dioramen, Hologramme, Videos und interaktive Multimediastationen einen anspruchsvollen und gleichzeitig unterhaltsamen Einblick in die Vergangenheit des alpinen Raumes.
Eingefügt in den historischen Rahmen bilden der Mann aus dem Eis und seine Beifunde den zentralen Ausstellungskomplex.
Das Besondere des 1991 am Similaungletscher zutage getretenen Fundkomplexes besteht darin, daß die Auffindung einer Mumie mit vollständiger Kleidung und Ausrüstung Einblick in die nahezu vollständige Tracht des ausgehenden Neolithikums (3300 bis 3100 v. Chr.) gibt. Bekleidungsreste kennen wir bisher lediglich in relativ fragmentiertem Zustand aus den Pfahlbauten des zirkumalpinen Raumes, wobei es sich in der Regel um gewebte oder geknüpfte pflanzliche Fasern handelt. Tierische Materialien, wie Felle etc. haben sich dort nicht erhalten. Insofern bietet der Fundkomplex „Mann aus dem Eis" eine Momentaufnahme eines kupferzeitlichen Mannes, der sich im Hochgebirge bewegte.
Der Tatsache bewußt, daß es sich um einen archäologischen Fund handelt, dessen „Zurschaustellung" durchaus auch zu ethischen Polemiken führen könnte, wurde auf eine sehr zurückhaltende Form der Präsentation großer Wert gelegt.
Heute zeigt sich die Abteilung „Mann aus dem Eis" als sehr sachlich gehalten; Grafik und Architektur stehen in keiner Konkurrenz zum Objekt.
Die verschiedenen Aspekte, wie etwa die Entdeckung, Bergung, Nachuntersuchung oder medizinische Forschungen werden zusätzlich zu den Schautafeln durch Videoprojektionen illustriert und interaktive Multimediastationen ergänzt.
Durch die Unterteilung des Schauraumes entscheidet der Museumsbesucher selbst, ob er sich die Mumie ansehen möchte oder nicht. Das Fenster, durch welches man einen Blick auf die

Die Mumie im Kühlraum.

Mumie werfen kann, ist nicht in den Mittelpunkt des Geschehens „gezerrt" worden, sondern in einen optisch abgegrenzten, dezent gehaltenen apsidialen Raum eingebunden. Die 40 x 30 cm große Wandöffnung erlaubt es dem Museumsbesucher, einen Blick in die Kühlzelle zu werfen, in der die Mumie, auf einer Präzisionswaage liegend, bei –6° C und 98 Prozent Luftfeuchtigkeit gelagert bzw. konserviert wird.

Für die museale Präsentation der Mumie mußte eine neue Kühltechnologie entwickelt werden, die es möglich macht, den Körper ohne Umwicklungen zu konservieren, um ihn „sichtbar" zu machen. Das Konservierungssystem ist bislang einzigartig auf der Welt: Ein komplexes Mantelthermosystem verhindert die Bildung einer Eisschicht auf der Mumie. Auch hinsichtlich des Problems der Beleuchtung wurde eine Lösung gefunden; dem Kaltlicht in der Zelle werden durch Spezialfilter alle ultravioletten und infraroten Strahlen entzogen.

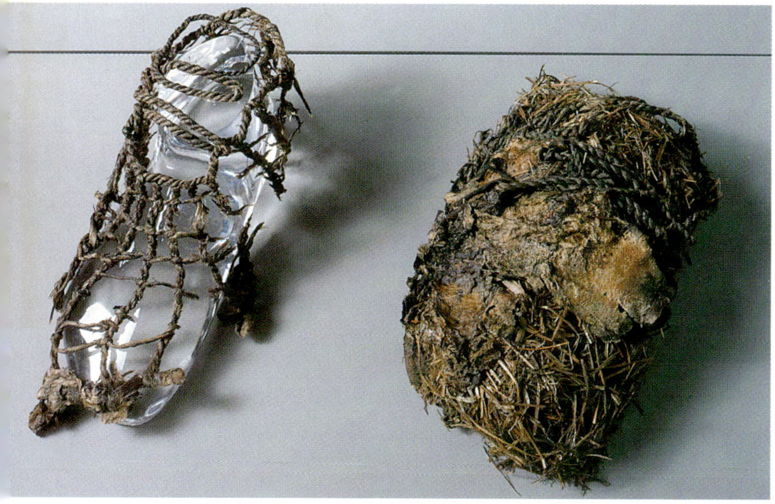

Die Schuhe des Mannes vom Hauslabjoch.

Hinter der Metallwand, die im Ausstellungsraum sichtbar ist, befindet sich die sog. „Eismannbox", eine komplexe Anlage, die sich aus zwei Kühlkammern mit jeweils unabhängigen Systemen, einem Untersuchungsraum und einem vorgelagerten Dekontaminierungsraum zusammensetzt. In allen Räumen sind Sterilität und Luftfilterung garantiert.

Für weitere wissenschaftliche Untersuchungen steht ein kleines Labor zur Verfügung. Eine EDV-Station registriert die Meßwerte (Druck, Temperatur, relative Luftfeuchtigkeit, Gewicht der Mumie), die von den am Körper der Mumie bzw. in der Kühlzelle montierten Sonden geliefert werden, und löst automatisch Alarm aus, sollten sich Veränderungen zeigen. Durch dieses Alarm- und Sicherheitssystem können die hauseigenen spezialisierten Techniker im Notfall sofort reagieren. Ein Pathologe ist für die Konservierung der Mumie verantwortlich; eine Gruppe von Anthropologen und Medizinern betreut die zukünftige Forschungsarbeit an der Mumie des Mannes aus dem Eis.

Das Obergewand aus dem Fell der Hausziege.

Im Gegensatz zu den anderen Abteilungen des Museums ist die Etage, die dem Komplex „Mann aus dem Eis" gewidmet ist, abgedunkelt. Diese Maßnahme dient weniger der Inszenierung, sondern ist vielmehr eine konservato-

Die Beinkleider aus Hausziegenfell ähneln „leggings".

Der Schauraum mit den Beifunden des Mannes vom Hauslabjoch.

Das Beil des Mannes aus dem Eis mit herausgenommener Kupferklinge.

rische Notwendigkeit, die sich aus der Lichtempfindlichkeit der Objekte ergibt.
Die Beifunde sind in klimatisierten Spezialvitrinen bei einer Temperatur von 18° C gelagert. Zahlreiche Illustrationen und 1:1-Zeichnungen der Fundobjekte verdeutlichen die handwerkliche Kunstfertigkeit des kupferzeitlichen Menschen.
Das Vorhandensein des Fundkomplexes „Mann aus dem Eis" ist eine besondere Gelegenheit, Menschen in das Archäologische Landesmuseum zu führen. Täglich wird das Südtiroler Archäologiemuseum von durchschnittlich 900 Personen aus aller Welt besucht. Faszination, Erstaunen und Ehrfurcht werden dem Zeugen der eigenen Vergangenheit entgegengebracht, Reaktionen, die sicherlich zu einer neuen Sensibilisierung für archäologische Kulturgüter führen und Impulse zum kulturellen Selbstverständnis geben.

SÜDTIROLER ARCHÄOLOGIEMUSEUM
MUSEO ARCHEOLOGICO DELL' ALTO ADIGE
MUSEUM ARCHEOLOGICH DE SÜDTIROL

Südtiroler Archäologiemuseum
Museumstraße 43
I-39100 Bozen

Tel. 0039/0471/982098
Fax 0039/0471/980648
e-mail: HYPERLINK
mail to: museum@iceman.it
museum@iceman.it
HYPERLINK
http://www.iceman.it
www.iceman.it

Öffnungszeiten:
Dienstag bis Sonntag:
10.00 bis 18.00 Uhr
(letzter Einlaß um 17.00 Uhr)
Donnerstag:
10.00 bis 20.00 Uhr
Montag geschlossen;
an Feiertagen geöffnet.
1. Januar, 1. Mai und
25. Dezember geschlossen

Fotonachweis:

DAS SCHNALSTAL IN SÜDTIROL HEUTE

Einst der Lebensraum des Mannes aus dem Eis

Ötzi ist zwar tot, doch der Geist des Mannes, der vor 5300 Jahren über das Hauslabjoch wanderte und dort starb, lebt weiter. Das spürt man im Schnalstal – Ötzis einstigem Lebensraum – auf Schritt und Tritt. Die Bewohner dieser Südtiroler Gegend sind stolz auf „ihren" im Tod berühmt gewordenen Vorfahren. Ihr Rat an Touristen – natürlich in Schnalstaler Mundart: „Schaugn-gian" – „Schauen gehen!"

Im Schnalstal weiß man fast alles über den Steinzeitler. Etwa, daß er Getreidekörner und getrocknetes Steinbockfleisch bei sich trug, mit Pfeil, Bogen und einem Beil mit Kupferklinge ausgerüstet war, einen Umhang aus Gras als Regenmantel trug, darunter einen Fellmantel und Fellstrümpfe und Unterwäsche aus feinem Ziegenleder zum Schutz gegen die Kälte; außerdem Schuhe mit Grasfutter und Bärenfellsohlen. Eine Ausrüstung, die im Original besichtigt werden kann – samt dem Mann aus dem Eis: im Südtiroler Archäologiemuseum in Bozen. Und in der Grundschule vom Dorf Unser Frau im Schnalstal informiert eine Multivisionsschau eingehend über Leben und Sterben des Mannes aus der Spätsteinzeit. Wobei aber jeder Schnalstaler seine eigene Version vom Tod „seines" Vorfahren hat. Vielleicht ist der Mann während der Jagd in einen Schneesturm geraten und erfroren; vielleicht bei einem Schafübertrieb vom Weg abgeraten und gestürzt. Vielleicht wurde er auch verfolgt und getötet ...

Urlauber, die sich heute auf seine Fersen heften, sind erstaunt: Ötzis Geist lebt weiter im Schnalstal, seinen Bewohnern und seiner

und dort gibt es Alpenpanorama pur, von den eisgepanzerten Gipfeln des Ortlers und Cevedale geht der Blick zum Adamello und von der Weißkugel bis zur Wildspitze. Jenseits von Kurzras, am Taleingang, wartet dagegen Kultur. Dort thront Schloß Juval mit Weitblick über die Ebene Richtung Meran und riesigen Obstplantagen. Schloß Juval ist Wohnsitz des Bergsteigers

Natur. Traditionen werden hochgehalten, ohne daß man darüber die Zukunft vergißt. Das malerische Hochgebirgstal hat sich in den letzten 20 Jahren zu einem beliebten Ferienziel entwickelt – anfangs vorwiegend im Winter, inzwischen auch den Sommer über, vom Juni bis in den späten Oktober hinein. Zumal die Gegend ideal zum Wandern und für Bergtouren ist und dort eine Vielzahl gemütlicher Buschenschenken und Restaurants sowie Hotels jeder Kategorie anzutreffen sind. Rund 25 Kilometer liegen zwischen Schloß Juval am Taleingang und dem (Winter-)Tourismusort Kurzras an dessen Ende, dazwischen gilt es 150 Kilometer markierter Wanderwege kennenzulernen. Viele davon sind Pfade von Jägern und Hirten aus der Frühgeschichte, die vielleicht schon der Mann aus dem Eis gegangen ist. Jüngst wurden eigens für Ötzi-Fans sieben Wanderrouten zusammengestellt, die an Funden wie Menhiren und Schalensteinen entlang führen. Eine davon führt zur Fundstelle des Mannes aus dem Eis: Vom Weiler Vernagt auf 1700 Metern geht ein Weg über des Tisental und Niederjoch Richtung Hauslabjoch, wo Ötzi über 5000 Jahre ruhte. Die „Wanderung" ist allerdings eine anstrengende, rund fünfstündige Bergtour, die eine gute Ausrüstung und Konstitution erfordert – und nichts für unerfahrene Berggänger! Solche lassen sich besser in luftige Höhen gondeln: Von Kurzras führt eine Seilbahn bis auf 3200 Meter hinauf,

Reinhold Messner.

Jeden Morgen gegen 7 Uhr melkt Johann Tappeiner seine Prachtkuh Edelweiss und die weiteren 19 Stück Grauvieh im Stall und führt sie gegen zehn Uhr auf die nahe Weide. Mit Ehefrau Petra und den Kindern Leonie, Lisa, Fabian und Sarah bewirtschaftet der junge Biobauer den elterlichen Oberniederhof in Unser Frau, einen der ältesten und schönsten Bauernhöfe im Schnalstal. Ihre Tiere behandeln die Tappeiners mit homöopathischen Tropfen und Salben aus der Hof- und Hausapotheke, zum Frühstück gibt es frische Milch aus dem Stall. Und auf Weihnachten hin Speck von den eigenen, glücklichen Schweinen. Ähnlich, wie es vielleicht bereits Ötzi als neolithischer Bauer gehalten haben könnte.

Jeden Herbst schultert Karl Laterner im selben Ort seine Flinte und bricht auf, um in den weiten Lärchenwäldern dies- und jenseits des Schnalstales und im angrenzenden Hochgebirge nach Wild auszuschauen. Laterner kennt jeden Winkel seiner Heimat, jede Pflanze – vom Eisenkraut bis zur Hauswurz – und weiß genau, wo Rehe, Hirsche und Gemsen zu

suchen und zu finden sind. Dann und wann erlegt Karl sogar einen Steinbock. „In meinem Tal gibt es mehr Gemsen als Menschen“, sagt der passionierte Jäger. So, wie vielleicht einst zu Ötzis Zeiten.

Jeden Frühsommer führt Fortunat Gurschler 1900 Schafe vom Weiler Vernagt aus über das 3200 Meter hohe Niederjoch hinüber nach Österreich auf die Sommerweiden im Niedertal und bis hin ins Ötztal. Bis Mitte September bleibt er dort, allein mit seinen Tieren. Kurz bevor der erste Schnee fällt, geht es mit der um manches Lamm reicheren Herde zurück. In seiner Hütte weitab von Menschen hat Fortunat weder Fernsehen noch fließendes Wasser; zu Bett geht er dann, wenn es dunkel wird. Der Schafhirte ist überzeugt, den schönsten Beruf der Welt zu haben. So, wie vielleicht auch Ötzi vor langer Zeit ...

Johann, Karl und Fortunat sind drei Einwohner aus dem Schnalstal im Südtiroler Vintschgau, wie vermutlich auch Ötzi vor 5300 Jahren. Hier hat er wahrscheinlich gelebt, der Mann, den das Eis 1991 freigab – hier ist er auch gestorben: auf dem Tisenjoch auf 3287 Metern Höhe, nur wenige Meter von der Grenze zum heutigen Österreich entfernt. War Ötzi ein Jäger, ein Schafhirte oder ein Bergbauer ...? Möglich ist (fast) alles, die Wissenschaftler rätseln heute noch. Seit jeher ist das sonnige Hochgebirgstal, rund 30 Autominuten von Meran entfernt, Heimat von Bergbauern, Hirten und Jägern. Immer schon haben die Menschen auf großer Höhe gelebt; die Bergbauernhöfe des Schnalstales gehören zu den höchstgelegenen im gesamten Alpenraum! Die Schnalstaler sind stolz auf ihre prominente Leiche, den Ötzi. Pardon: den Mann aus dem Eis. Schließlich heißt er auf italienisch „Uomo venuto dal ghiaccio“, denn Südtirol gehört seit 1919 zu Italien.

Rund 1400 Menschen leben im Schnalstal, verteilt auf die Dörfer Kurzras, Unser Frau, Vernagt, Karthaus und Katharinaberg. Letzteres thront auf einer Sonnenterrasse auf 1245 Metern mit Aussicht auf die Texelgruppe, auf Tal, Alpweiden und Höfe! Noch gibt es im Schnalstal 80 Bauernbetriebe – davon sechs Biobetriebe. Einige sind sogenannte geschlossene Höfe, eine weitere Charakteristik der Gegend. Diese gehen auf die Tradition zurück, einen ungeteilten, also geschlossenen Besitz einem

ARCHÄOPARK SCHNALS

Auf dem 7400 m^2 großen Areal – mit Blickkontakt zur Fundstelle – werden neben einem Ausstellungsgebäude unter anderem kupferzeitliche 1:1-Hausmodelle und Versuchsfelder errichtet.
Ein realer Einblick in das Leben unserer Vorfahren vor 5300 Jahren wird somit gewährt, die Vergangenheit wird auf lebendige Art und Weise dem Besucher bereits ab Baubeginn mit Herbst 1999 nahegebracht.
Durch den Bau des Archäoparks Schnals soll eine authentische Nachbildung der Lebensweise des „Mannes aus dem Eis" geschaffen werden und dadurch die noch vielen offenen Fragen beantworten:
Wie lebte Ötzi?
Was aß er?
Wie sahen seine Hütten aus?
Wie und woraus fertigte er seine Werkzeuge und Waffen?
Welche Pflanzen kultivierte er?
Welche Tiere züchtete er?
Welches Klima, welche Vegetation und welche Temperaturen herrschten 3300 v. Chr. im Alpenraum?

einzigen Erben – in der Regel dem ältesten – zu vermachen. Dadurch sollte verhindert werden, daß einzelne Teile verkauft wurden und in fremde Hände fielen. Was langfristig die wirtschaftliche und soziale Unabhängigkeit eines Hofes sicherte.
Außerdem war das Schnalstal jahrhundertelang von der Außenwelt durch die schwer zugängliche Felsenschlucht am Taleingang isoliert und auf die Produktion jedes einzelnen Hofes und Familienmitgliedes angewiesen. Auf einigen Bauernhöfen und Buschenschenken werden Wanderer verköstigt, können Urlauber Hausgemachtes kaufen und kosten – von Kräutertee über Stämperle (Enzianschnaps) bis zu den berühmten Schnalstaler Nudeln. So etwa auf dem Raiffeinhof auf 1888 Metern und dem Finailhof auf 1952 Metern, den man auch den höchsten Kornhof Europas nennt. Denn im Schnalstal wurde bis Anfang dieses Jahrhunderts Getreide angebaut.
Welche Köstlichkeiten der Mann aus dem Eis wohl bereits kannte? Einige Köche der Gegend haben versucht, sich in Ötzi hineinzufühlen – unter ihnen Andreas Götsch vom Gasthof Goldenes Kreuz in Unser Frau. Er setzt Gästen allabendlich ein mehrgängiges „Ötzi-Menü" vor. Schließlich hat der Mann aus dem Eis, soviel ist bekannt, Stunden vor seinem Tod ein wenig Fleisch, Brot und Gemüse gegessen. Zu seiner Zeit waren Getreidegerichte und Hülsenfrüchte, auch Wild, Pilze und Honig als Speisen bekannt. Lauter Nahrungsmittel, die Andreas Götsch sozusagen übernommen hat und mit seinem heutigen Wissen anreichert und -richtet: Es gibt Rohkostteller und Einbrennsuppe, gegrillte Lammkoteletts und Roggenbrötchen und süße Waldfrüchte zum Dessert. Und ein Glas Südtiroler St. Magdalener, der aber nicht aus der Jungsteinzeit überliefert sein dürfte. Die sehr bekömmlichen Gerichte sind nur mit Kräutern gewürzt. Salz und Pfeffer waren im Neolithikum unbekannt. Frisches Fleisch gab es nach Gelegenheit. Wurde ein Tier erlegt oder geschlachtet, mußte es rasch verwertet werden, da Kühltechniken weitgehend fehlten. Süßes wie Früchte und Honig wurde damals höchst-

wahrscheinlich gern genossen. Darin unterscheiden sich die Geschmäcker in 5000 Jahren kaum!
Auf den Geschmack des Mannes aus dem Eis dürften Besucher ab dem Jahr 2001 noch vermehrt kommen! Dann wird in Unser Frau der Archäopark Schnals eröffnet, die Rekonstruktion eines jungsteinzeitlichen Dorfes. Für alle Wißbegierigen sind Ötzi-Camps geplant, wo sie sich kleiden, essen und wohnen lernen können wie einst der Mann aus dem Eis.
Eine Attraktion und Tradition, deren Wurzeln sogar Jahrhunderte vor Ötzis Lebzeiten zurückreichen, ist der jährliche Schnalstaler Schafauf- und -abtrieb. Mitte Juni bringen Bauern aus dem gesamten Vintschgau ihre Tiere nach Vernagt.
Welch ein Geblöke und Gebimmel, wenn zweitausend Schafe und Lämmer in Gattern zusammengetrieben werden. Mit bunten Tupfen auf Rücken und Kopf, markiert nach dem Stall, aus dem sie stammen. Es duftet nach gebratenen Würsten und Kaffee mit Schnaps, und das ganze Tal ist auf den Beinen. Von Vernagt führen Schafhirte Fortunat Gurschler und zwei Dutzend Treiberinnen und Treiber die Tiere in stundenlangem Marsch über das Niederjoch, hinüber auf die Sommerweiden ins (österreichische) Nieder- und angrenzende Ötztal. An die 5000 Hektar Weidefläche können genutzt werden; wobei diese Weiden jenseits des Schnalstales heute noch laut Grundbuch-Eintrag jenen 22 Schnalstaler Bauernhöfen gehören, welche die „Interessengemeinschaft Niedertal“ bilden. An diesen alten Besitzverhältnissen konnte auch die Teilung Tirols nach dem Ersten Weltkrieg nichts ändern. Die Tour über Almen und Gletscher und das Überwinden von 1300 Höhenmetern ist anstrengend und gefährlich für Mensch und Tier! Immer wieder kommt es zu Unfällen, zumal auf Höhen von über 3000 Metern das Wetter rasch umschlägt.
Mitte September geht der Schafabtrieb zurück nach Vernagt, wo wiederum gefeiert wird. Unter den Feiernden ist auch Hans Platzgummer, dessen Familie das Wanderhotel Vernagt führt. „Schnals und die Schafe sind eins“, betont der Kunstmaler, der zwölf Jahre lang als Hüttenwart in der Similaunhütte oben auf dem Gletscher verbrachte und den Schafauf- und

-abtrieb stets aus nächster Nähe verfolgte. Seine liebsten Sujets, ausgeführt in Tempera und Tusche sind – wen wundert's – Schafe. Der Brauch des Schafauf- und -abtriebes im Schnalstal ist also noch bis in die Gegenwart lebendig, zumal hier die Berge nie Barrieren, sondern Brücken waren ...
Brücken vom Erholungssuchenden zu den Einheimischen wollen auch die Gästeunterkünfte im Schnalstal sein – vom Bauernhof bis zum Viersterne-Hotel. Es gibt weder Bettenburgen noch Wohnsilos, sondern mehrheitlich gemütliche Familienbetriebe; selbst renommierte Häuser sind dem alten (Blockhaus)-Stil genähert. Seit drei Jahren machen außerdem Wanderhotels auf sich aufmerksam: Pensionen und Hotels, die auf Tourengänger eingerichtet sind und deren persönliche Ausrüstung vor Ort nach Bedarf aufstocken – von der Thermosflasche über Wanderstöcke bis zum dicken Vesperbrot für unterwegs. Ein freundliches „Pfüet Euch Gott" gibt es mit auf den Weg. Rund 2200 Betten stehen im Tal zur Verfügung, viel mehr sollen es nicht werden. Stellvertretend für viele Schnalstaler setzt sich der Kulturjournalist Gianni Bodini seit Jahren für einen sanften Tourismus in Südtirol ein und hat mehrere Bücher zum Thema geschrieben.

Bodini führt Touristen auf Wanderungen in die Schönheiten seiner Heimat ein, vorwiegend kulturhistorisch geprägt. Andere Touren – vom lokalen Tourismusverein organisiert – machen Gäste mit der Welt der Bergbauern sowie der Alpenflora und -fauna vertraut.
Wenn dann abends die Wanderschuhe verstaut und Speck, Kraut und Knödel verdaut sind, wird es Zeit, die Patschen überzuziehen. So heißen jene bequemen Filzpantoffeln aus Schafwolle, die inzwischen manchen Urlauber mit nach Hause begleiten! Patschen werden in aufwendiger Handarbeit angefertigt. Etwa von Burgl Kneissl in Katharinaberg, die Enkelkinder, Verwandte und Freunde damit beschenkt. Pro Paar hat sie mindestens einen Tag Arbeit. „Aber der Aufwand lohnt sich", schwört Burgl, „denn in den Patschen bleiben die Füße selbst im kältesten Winter warm!"
Diesen Komfort kannten die Zeitgenossen des Mannes vom Hauslabjoch noch nicht, doch jene waren als sehr naturnahe Menschen viel abgehärteter als die Menschen der Gegenwart.

Info-Box

Der Tourismusverein Schnalstal hat ein Programm für Urlauber ausgearbeitet, welches gezielt auf Ötzis Spuren ausgerichtet ist. Es gibt naturkundliche sowie archäologische Wanderungen, Begegnungen mit Bergbauern, Besichtigungen der Fundstelle des Mannes aus dem Eis sowie die Möglichkeit, „seinen" Speiseplan kennenzulernen. In Unser Frau informiert eine Multivisionsschau über 5300 Jahre Geschichte, die Mumie selbst kann samt Ausrüstung im Südtiroler Archäologiemuseum Bozen besichtigt werden.

Informationen: Touristinfo Schnalstal
I-39020 Schnalstal-Südtirol,
Telefon 0039 0473 67 91 48,
Fax 0039 0473 679177,
HYPERLINK http://www.schnalstal.com
e-mail:office@schnalstal.com